大展好書 好書大展

大展好書 好書大展

心靈雅集
67

青少年禪話

劉欣如／著

大展出版社有限公司
DAH-JAAN PUBLISHING CO., LTD.

序言

大家耳熟能詳「青少年是國家未來的主人翁」，轉瞬間他們就要走入社會服務大眾，負擔許許多多重大職務，在各行各業大展身手；因此，國家有沒有前途、未來社會能不能安定，全看今天青少年的品質、心態和表現了。

沒錯，青少年問題今天已經成了世界性的大問題，各國政府和教育工作者都因此傷透了腦筋，其中，工商業社會尤其嚴重。

就以台灣來說，根據民國八十六年十月份報載，每年至少有一萬五千名未成年少女未婚生子，且每十七分鐘就蹦出一個少年犯，人本教育基金會忍不住發出警告，要是再不將這些迷途青少年找回來，台灣社會永遠無法安寧。還有同年年底也有一篇報載更為驚人，內容如下：

「國內青少年犯罪問題到底有多嚴重？根據警政署預防科統計顯示，光是今年暑假，被移送少年法庭的少年刑事犯人數有四千多人，有偏差行為被警方查獲，並開出勸導通知單的青少年人數，就超過兩萬多人，為拯救可能出現行為偏差的青少年，部份立法委員要求教育部，應儘速結合民間資源，在兩月內建立起全國性『青少年發展與輔導網絡』，動員全社會來挽救這些孩子。」

乍讀下，不禁讓人懷疑：傲視全球的「台灣經驗」裏，怎會有這樣嚴重的後遺症呢？而今國內有許多教育工作者、心理學者和醫生們紛紛從各個角度提供寶貴的對策和建議，當然也能收效。無如，青少年問題是錯縱複雜，不僅是個人因素，尤其涉及家庭和整個社會大環境，所以，對治方法絕對不只一樁，應該竭盡所能，從各方面下手，而我個人在國內從事教育多年，教過小學、中學和大學，尤其自八十年代開始學佛修禪，至今悠悠十幾年，禪修功力雖然不算高，卻自信在生活上獲得相當受用，我也意外發現這方面的體悟對提升青少年的心性、行為很有助益。例如台灣禪學基金會耕雲法師說得好：

「禪是超越偶像、超越宗教、生活中的『安詳禪』。能使芸芸眾生放下煩惱心，凡事反求諸己，心安最重要，惟有先求得本身安詳、祥和的心態，凡事才能客觀，反省及懺悔……而不是『只要我喜歡，有什麼不可以』的自我、主觀，事事覺得他人對不起自己，煩惱、迷惑、憂懼、沮喪，怨憎，你爭我奪之心四起，不但無奈，不得解脫，更生因果、煩惱無邊。」

又有基隆靈鷲山基金會的心道禪師，有一次在雲林監獄舉辦「反毒禪修會」，面對兩百多名煙毒青少年受刑人開示說：「自己要完全放鬆心情，除去心中不愉快、煩惱與痛苦事情，尤其要淨化心中物慾、雜念，才能獲得心靈快樂，進而拒絕外來毒品的誘惑。」

可惜，類似這類能夠啟發青少年心智的禪書非常罕見，而拙作正想幫助少年朋友走出各種迷惑，找尋今後應走的方向，又因我多年僑居美國洛杉磯，深知同類問題在此也很嚴重，故引述不少美國資料及其對應之道，好讓讀者們一起分享和研究。

劉欣如序於美國佛教弘法中心

二〇〇二、元月

目錄

第五章 青少年的教育法

第一章　青少年的養身秘訣

1.喝酒誤事　千真萬確

下面兩件悲劇，一件發生在台灣，另則發生在德國，詳情請看如下：

㈠台東市某天凌晨連續發生兩件超商搶案，警方根據超商提供錄影帶線索，一個多小時內逮捕正在KTV飲酒作樂的鄭××等四名搶嫌，一名陳姓少年在逃，四嫌供稱是因喝酒不夠錢才起意行搶，這四名嫌犯都是十七歲到十九歲。警方同時在他們身上起出西瓜刀及武士刀各一把，在偵訊後將落網四嫌依懲治盜匪條例，及違反槍砲彈藥刀械管制條例等罪嫌，移送法辦。

㈡德國BMW汽車設計大師——路特，有個愛子叫烏利希，十三歲開始喝酒，以致高中尚未畢業就輟學了，但他依舊酗酒，甚至酒後窩到嬉皮堆裏。不但不工作，寧願當寄生蟲，還常常在家鬧酒瘋，辱罵恐嚇家人，讓全家寢食難安。老爸怎樣訓他、求他安靜都無效。

復活節夜裏，烏利希在外酗酒回到家，一看到家人就開罵，罵家裏女性「臭婆娘」，老爸去勸兒子，反被兒子不耐煩吼了一句，路特這時忍無可忍，到廚房去拿刀，在兒子胸前刺了八刀。等母親來看時，兒子已經斃命。

上述人物和地區儘管不同，但悲劇的起因一樣，就是喝酒引起，且都是少不更事的年輕人。前者斷送了前程，後者丟掉性命，又讓家庭陷入悲痛中，真是自作孽，又連累親人，害人害己，懊悔也沒有機會了。

青少年若因好奇才喝酒，可說毫無道理，因為街上到處有酒可買，每逢婚喪喜慶的場合也常看大人喝酒，就是這麼回事，沒什麼稀奇，實在不值得品嘗。

在常識上說，酒害早已讓人耳熟能詳了，除了長期喝酒，肯定影響肝、胃健康以外，最明顯又會馬上感受到的是，讓人心迷性亂，三杯下肚，什麼壞事也做得出來。上述報載便是好例證。

佛經也記載飲酒有下列十項錯誤：

1．臉色難看，2．沒有力氣，3．眼睛模糊，4．呈現瞋恚表情，5．有害生計，6．增加疾病，7．口無遮攔、亂講話，8．惡名昭彰，9．減少智慧，10．現世會短命，死後下地獄。

還有一則膾炙人口的戒酒因緣，也出自佛經『鼻奈耶』第九，可作青少年的暮鼓晨鐘，不喝為妙。

且說一位海聖者，某日接受一位在家信徒的飲食招待，三小時喝了黑石蜜和葡萄酒。返回祇園精舍的大門前，忽然酒性發作，身體不支倒地，連手上的三衣、鐵鉢和手杖也到處亂放，樣子十分狼狽。

佛陀知道後，立刻吩咐一群徒眾出來觀看，同時問道：「聽說他曾經降服過一條巨龍，你們聽過嗎？」

一群徒眾裏，有人答說親眼看到，也有人答說聽過，不料，佛陀手指著海聖者，對大家說：

「但看他眼前這個樣子，肯定連一隻蟾蜍也趕不走，你們想他還有本事趕走惡龍嗎？」

「當然不能呀！」徒眾異口同聲回答了。

佛陀繼續說：「可見喝酒會誤事，雖說他真有能耐趕走惡龍，一旦喝醉了酒，便連一隻蟾蜍也趕不走。即使修行人進了相當的悟境，倘若喝醉了酒也一樣會誤事，諸位以後絕不許喝酒，誰若破了喝酒戒，就要被趕出僧團了。」

別說這條飲酒戒是老古董，而今不管用，殊不知，現在美國海軍官校校訓裏，也包括禁酒戒呢！

我有一位讀高職三年級的堂侄子，在某次同學慶生晚會喝了幾杯酒，微醉中開車回家，不慎途中撞斷一名婦人的腿，陪了幾十萬了結；還有H先生的長子讀高一那年，也曾跟同學到校外飲食店喝些酒，酒性發作時，當街調戲一位女同學，結果被學校記了大過，丟盡面子……誰說禁酒對青少年不重要？不必要？

一位加拿大籍華思傑神父，隻身在宜蘭縣南澳鄉傳教二十六年，他嘆說泰雅族鄉民酗酒情況目前仍非常普遍，生活水準雖然提高了，當初喝米酒、紅露酒已被啤酒取代……罹患肝病的人不少，青少年只要有酒可以喝，什麼事都做得出來……。

又有一則報載說：

「自從蘇聯共產政權瓦解，俄羅斯男人五年來的平均壽命，縮短至五十八歲左右。倫敦保健和熱帶醫學院研究員李昂說，俄國男人平均壽命縮短幅度之大，情勢之危，都是舉世所僅見。他認為主要原因是因為他們酗酒。去年俄羅斯共有三萬五千人死於酒精中毒，其中大部份是男人。俄國男人死於酒精中毒的比率三年來增加三倍……。」可見藉酒消愁不但愁上加愁，且能把老命也送掉，不值一試。

說真的，戒酒不如戒毒那樣難，需要極大的魄力與耐力，只看自己有心無心而已，若能領悟喝酒會傷身誤事的許多例證，趕快趁上癮之前，像臨濟義玄禪師以凌厲的機鋒勉勵修行人不要懈怠一樣，藉禪師那句「逢佛殺佛，逢祖殺祖」的懾人氣勢，來給自己打氣；這一來，戒酒是可以成功的，幸福是可以得到的……。

還有報載美國現有三百萬孩子有酗酒習慣，政府雖然大力宣導酗酒的可怕與害處，為了補強效果，徹底協助這群青少年的酗酒惡習，便紛紛制訂一套相當周延的法律，且看加州的規定：

「青少年至少要到二十一歲才能飲用酒精製品，這意謂著向二十一歲以下的孩子出售或給予酒精製品是犯法的。加州法律所謂酒精製品，是指任何飲料中含有酒精成份超過百分之零點五的濃點。

同時，二十一歲以下未成年人不得進入一個供應客人飲用酒精的公共場所。例如，成年人舉行的酒會和酒吧都不准去。在學校附近或在高速公路不得飲酒。青少年不得使用假證件買酒精製品，或進入只有成年人才能進入的場所。青少年不得在公園，或其他公共娛樂場所購買，或飲用酒精製品，任何人那怕持有一罐打開的啤酒，就是犯法。

在自己家中，經父母允許或父母在場，青少年可以飲用酒精製品。但在此以外的場所，若無家長或監護人在場是不准飲酒的。例如，在家長或成年監護人缺席的情況下，青少年參加私人聚會，或有十來個二十一歲以下的青少年參加一個社交活動，未成年人不能喝酒，若有一名執法人員親眼目睹有青少年酗酒，就可以逮捕任何違法者。」

再看加州法律如何處罰上述違法行為：

「一般來說，犯規者年齡在十三至二十一歲，他們的駕駛執照會被註銷，停止駕車一年。另外會受到二百五十美元罰款，或參加二十四至三十二個小時社區義工。根據法律規定，酒後駕車是非常嚴重的犯罪行為。青少年觸犯者也會受到嚴重處分。其中包括高額罰金，甚至受到刑事審判。同時，他們還會被吊銷駕駛執照，尤其有過酒後駕車前科的未成年人。

成年人若向青少年出售酒精製品，也觸犯刑法，若有酒吧向青少年出售，老板將面對刑事指控和高額罰款處分。

有些家長若主辦一個晚會而邀請自己子女的朋友聚會，參加的青少年酒後駕車發生車禍導致他人死亡，主辦晚會的家長要對整個事件負責任。事實上，只有酒吧主管人對上述意外才負有責任。

另外，只有車禍的無辜受害人才能控告酒吧業主，而酗酒肇事人將無權控告酒吧業主。只有因父母鼓勵子女酗酒，結果導致他們犯規的情況下，父母才會有法律責任。

這樣看來，加州政府除了平時向青少年三申五令酗酒屬於違法犯罪外，也有詳盡的處罰規定，多管齊下，始能收到具體效果，不然，像美國這樣車輛多如過江之鯽的大街小巷，一旦鬆弛青少年酗酒開車的規定，後果不堪設想。所以，國內也應該早日訂定法律禁止青少年飲酒才好。

2．深夜外出　危機四伏

記憶裏，台北市長陳水扁上任不久，曾經宣佈青少年要宵禁，消息一發佈，許多家長們都持肯定態度，警察尤其贊同，少數學者專家則半信半疑，這樣真能減少青少年犯罪嗎？不消說，絕大多數青少年自己憤憤不平，埋怨市府剝削他（她）們的權利，搬出大堆理由向市長抗議……。

無獨有偶，美國城市也針對愈來愈多的青少年犯罪，而實施日間戒嚴及夜間宵禁，希望降低青少年犯罪與逃課現象，並迫使家長好好管束青少年子女。

請看這則報載——

全美市長會議在華府公佈的一項調查顯示，在被調查的三百四十七個城市中，有兩百七十六個實施宵禁：其中七十六個城市並實施日間戒嚴。與該團體在一九九五年所作的類似調查相較，此次調查結果稍有進展。九五年受訪的城市較多，但實施宵禁的城市較少。在該調查訪問的三百八十七個城市中，有兩百七十個實施宵禁……。該調查顯示，百分之五十六——即一百五十四個接受調查的城市實施青少年宵禁已至少十年。其中半數城市的官員指出，自從實施宵禁以來，青少年犯罪率下降；百分之十一表示青少年犯罪率穩定，而百分之十的城市在實施宵禁之後，青少年犯罪率有增無減。其餘城市因為實施宵禁不久，故無資料顯示宵禁對青少年犯罪的影響。

路易斯市市長兼全美市長聯合會「青少年犯罪特別小組」主席亞布蘭森說：「宵禁不是終極目標，只是工具箱中的工具之一罷了。」意謂宵禁只是防範青少年犯罪措施之一。他援引說調查結果指出，在實施宵禁城市中，官員認為這對警方良好運用的佔有百分之九十，有兩百四十七個城市；而其他城市的官員則認為，宵禁浪費警方的時間。

奧克拉荷馬州土耳沙市政府的受訪官員指出，孩子深夜逗留在外通常無益。北卡羅來納州夏洛辛的官員表示，宵禁可防止青少年惹上麻煩，而許多家長甚至不知自己的孩子不在家。

伊利諾州自由港的官員說，執行宵禁使警方成為臨時保母。而加州瑞奇蒙的官員表示，警察在執行宵禁時，將所有青少年都視為違規者，守規矩的年輕人因此對警察的印象不良。」

乍讀下，只有少部份地區犯罪不減反增，但官員大都表示效果顯著。憑心而論，宵禁只是治標，也是防止方法之一，若要全面防止青少年犯罪，則得從多方面下手，乃是無庸置疑的。

我個人很贊成宵禁，記得以前父母親常說：「深夜壞人、歹事特別多。」

原因極明顯，所有正常的人，那怕身體強健和精神飽滿，都要在白天上班、上課或為其他事忙碌，傍晚才拖著疲倦的身體回家，晚飯後，恨不得有時間在家看電視、做功課，陪陪父母兄弟聊天，消除白天在外邊的一切煩悶，誰也不再想出去溜躂，或漫無目的逗留，除非極反常的少數年輕人白天無所事事，才有精力深夜出來發洩、逛遊。

不過，有一點非常重要的是，父母親務必要把家庭營造成一個溫馨愉快的窩，讓孩子儘情享受，那怕外邊夜生活是五光十色，刺激也吸引不了他（她），否則，就會有危險。

下則例證值得家長們省思和警惕！

A是年紀十七歲的高二學生，家境不錯，父親是一家公司經理。母親是專職家庭主婦，姊姊是中山女中的資優生，年年拿全班第一名，但是，A不喜歡讀書，而母親偏愛拿姊姊跟他比較，接著，就責備A說：

「你只要有姊姊一半的好成績，我就滿意了，偏偏你不爭氣，成了全家的惟一遺憾。」

剛好A有一位頗談得來的好友B，兩人成績一樣差，惟獨都很喜歡摩托車，只要一有空，他們三句不離摩托車的性能、優缺點、零件換法、排氣管修理技巧……等，無疑成了摩托車迷。

有一天，他們在某家摩托車行談論摩托車的問題，居然結識那麼多同樣年紀的車友，大家很快臭味相投，興高采烈討論形形色色的摩托車，於是，他們說好晚上一起去飆車，商量從那條街出發，經由那條街轉彎，到達某處集合，這樣風風光光一陣才過癮……。

果然，他們幾個人分騎五部機車，一路呼嘯奔馳，穿越幾條台北市主要街道，到了夜晚十二時，仍然掩不住那股較勁與亢奮情緒。之後，每個夜晚A、B兩位都會同時跨上機車，盡情享受馳騁的快感，且努力向速度的極限挑戰，有時到凌晨才偷偷溜回去。

這樣大約過了十天，終於被父母親發覺了，當然免不了一陣臭罵，但是，A也實話實說自己不愛讀書，留在家裏也不耐煩父母的嘮叨，只好撒謊到同學B家裏討論功課，其實是兩人騎機車去看夜景、飆車……。

那年，有二十幾個國家來的心理學家、治療師和研究人員齊聚在美國芝加哥開會三天，討論青少年與家庭問題。結果紛紛指出家庭、學校和其他成長結構的瓦解，才使青少年轉而在街頭找尋安全感和歸屬感。他們在家享受不到溫暖，得不到諒解、鼓勵、關懷……。

在禪修裏，行住坐臥都有規矩，完全符合「早睡早起身體好」的健康原則，他們都有早晚課要做，時間規劃很恰當，既不能浪漫，也不能隨便，簡直像軍營一樣拿捏；不同的是，軍隊生活緊張嚴肅，而寺院禪修使人心情優閒，沒有一點兒緊迫感。在此，我舉出現代禪寺的修行生活為例，那是日本一家天龍寺的描述：天龍寺是一所專門學禪的道場，許多日本年輕人紛紛懷著各種問題，盼能在此得到解答。

專門道場的生活十分有規律，通常是早晨四點半起床，晚上九點鐘熄燈。每月固定一週坐禪期間，晚上改為十一點熄燈，早晨三點起床。

在坐禪期間，不能任意離開禪座，只能在一日三餐——早飯四點、中餐十點、晚飯四點半才可離座進餐。

坐禪時，初修的人容易陷入昏昏欲睡狀態，故由最資深的禪師棒槌肩部喚醒他們。這樣挨過兩日，到第三日前後才逐漸適應過來。從此以後，便不以坐禪為苦了。

禪師們說，忽略小的領域，便無法成立大的世界。做好每一件小工作，才能建立大的天地。這些平日不起眼的小動作、小工作，累積起來卻能成就一切事物的基礎。

再說青少年若有些禪修訓練，就能養成正常的生活習性，白天下課下班回家，便不可能在深夜出去溜躂、找樂子，敬盼家長們不妨用禪修習慣來輔導少男少女的日常生活。

3．損友傷害　非比尋常

不久前，洛城有一位十七歲小留學生土製四顆汽油彈，在寓所爆炸造成火災。事後發現她（高二女生）三年前剛來美國很乖巧。功課都拿A，之後結交一批壞朋友，生活就開始出常軌，離家出走過一陣子，回家後也經常不上學，白天在家中酣睡，黃昏就出去，監護人詢問她行蹤，她只是聳聳肩，兩手一攤，什麼也不說。

原來，她台灣的父母因為整天吵架，鬧離婚，才送她來美國寄宿在親戚家，但嫌管教囉嗦……。

很明顯，這名高中女生的脫序原由有兩點：一是出身不和諧家庭，父母管教鞭長莫及，且監護人也昧於管教方法；二是結交了損友；勿寧說，前者是主因，後者是外緣，如佛經上說：「無因無緣不現果。」這個案的因緣再明白不過了。

「六方禮經」也說：「惡友有四類：第一是心懷怨恨，外強中乾。第二是人前稱讚，背後詆謗。第三是發生事情時幸災樂禍。第四是表面親切，內心陰險。」

那麼，結交惡友有什麼後遺症呢？佛陀在同一部經上說：「喝酒作樂、胡作非為、撒謊、詐騙，日趨低俗、喜揭他人的過錯，最後會身敗名裂，甚至傾家蕩產。」

早在古印度時代，社會習俗雖然單純，也照樣有歹徒、壞人等惡友，青少年心智不足，情緒比較衝動，又缺乏判斷能力，一旦交上惡友，就很難脫離，所謂「近朱者赤，近墨者黑。」足以點出交友的重要性，這句話一樣適用於今天每個青少年身上，故家長宜特別注意。教師也要多加小心。

例如，那次我返鄉客居桃園蘆竹鄉。一位鄰居太太擔心說：

「我不是替兒子吹牛，他讀國中以前都蠻乖、蠻孝順父母，怎麼說他也不發脾氣，但上了高中以後，我看他走了樣，很不愛向我們說話，好像有什麼心事，有時打開他的書包，竟有些很奇怪的課外書，我問他那裏來的，他說向同學借的，我又問他同學叫什麼名字？家住在那兒？家庭狀況怎樣？他怎麼也不肯透露，反而生氣我查他太多私事。有時，他那幾個朋友來訪，我一看就覺得怪怪……。

像這位媽媽平時還算頂注意兒子的行動，一看不對勁，就要查詢清楚，之後聽說她也到學校請教班導師，到底她兒子近來有沒有異樣？較好的朋友有那些……媽媽的反應是正確的，心情也可以理解的，一看不對勁就要深入調查，否則，等到他們深交以後，就比較難處理了。

反之，父母親也不能矯枉過正，管得太嚴格、太囉嗦，不准他跟誰打交道，或必須要跟誰在一起。這一來，極易引起親子衝突，效果會更惡劣。記得政大心理系陳皎眉教授在『少年十五、二十時』一書中，指出青少年參加幫派的原因之一是交友不慎，倘若家教太嚴，青少年為了反抗父母，故意什麼朋友都交；若管教鬆，就不聞不問，交到壞朋友也不予警告。總之，隨時注意孩子成長過程的交友動態，並能拿捏分寸，適度勸導和開示，連絡學校導師、輔導室……這樣，親子間比較不會正面衝突，也容易收效。

果真不幸，孩子受到惡友影響而做錯事，母親和益友可以扮演良性角色，在使他改邪歸正上能發揮更大作用。通常，父親都忙於事業而在外奔波，母親跟孩子相處機會稍微多些，時時方便耳提面命，這樣收效也不能忽視。例如『阿闍世王經』是一部很好的教材，我不妨簡述於下：

佛陀座下有一個弟子叫提婆達多，野心勃勃，在佛陀晚年時，企圖取代師尊統率佛教的教團。為此，他先要有龐大的擁護者做後盾。於是，他先百般誘惑阿闍世王子。例如提婆運用神通，化身幼兒，在阿闍世王子膝下嬉戲，獲得王子歡心，之後得到信服。接著，提婆向佛陀提出退位要求被拒絕，憤怒之下，便慫恿王子說：

「天有不測風雲，人有旦夕禍福，不知何時壽命休矣，連你太子也逃不了，所以，你必須殺父王而自立為王，我也要殺佛陀，自己領導教團……。」

果然，阿闍世王子聽了這個惡友的唆使，便幽禁父親頻婆娑羅王在牢裏……。

這一來，阿闍世變成一個標準的年輕惡王。也跟提婆達多狼狽為奸，三番兩次迫害佛陀不能得逞……。

這時有一段插話：阿闍世有一個幼兒，名叫巴達巴特拉，深受父親寵愛和嬌縱。有一次，幼兒患指瘡症，化膿腫疱，哭個不停。阿闍世將兒子抱在膝上，親口吸吮兒子手指膿疱，直到膿疱破裂，膿血充塞阿闍世口中。接著吐到地上，幼兒看了哭得更大聲。

母后韋提希夫人在旁見狀，發出嘆息聲。阿闍世問母后為何嘆息？母后答說：「我們家譜上，一向沒有這種傳統疾病，你是第一次長出指瘡。你小時候生指瘡，你父王經常用口吸吮瘡傷，使它破裂出血，便立刻將口中膿血吞下肚裏，沒有吐到地上。因為他怕你看到地上血污，會害怕痛哭，就乾脆把膿血吞下肚裏。」

阿闍世聽了大吃一驚，急著又問說：

「難道父王真的這麼愛我、疼我嗎？」

母后答說：

「父親愛疼兒子是自然的天理，你的父王的確疼愛你。」

阿闍世聽完母后的話，不禁懊悔之餘，眼前呈現父王慈愛的面容，趕緊派人放出父王，不料，父王聽到那麼多人走動聲音，反而驚怕死了。

這一來，阿闍世萬分愧疚，幸遇一位賢臣叫做耆婆，勸他去聆聽佛陀的教誨，從此徹底改變了他的一生。可見阿闍世沒有聽從惡友提婆的唆使，斷然不會幹出如此大逆不道，幸賴慈母抓住機會點醒了他，才恢復他的理智。

說真的，惡友或損友對自己的殺傷力非同小可，孔子說過：「損友是便僻，善柔和便佞。」旨趣跟上述的佛陀教誡沒有兩樣。還有德國哲人赫德也說：「與惡人交，如日初之影，按時遞減。」大名鼎鼎的英國文豪莎士比亞更一語道破惡友對自己的影響是：「結交不良朋友，只會減低自己的身價，一點兒不會增進益處。」在在點破惡友要避之唯恐不及，千萬不要愈交愈親近啊！

最後，請牢記專家們的警告：「家庭狀況是青少年結交惡友的最大誘因，其中以父母親的影響最大……。」

4·安公子 害死人

根據台北市警局指出，八四年度查獲的煙毒、安非他命嫌疑犯中，青少年約佔百分之八點五的比率，其中以國中程度為多，佔百分之五十一點四，現有學生身份者佔二成左右……。那麼，青少年何以會吸毒或使用藥物呢？國內學者發現他們初次吸毒不外三項重要原因——「好奇心」、「想暫時解脫心理煩惱」、「經不起朋友的慫恿」。之後，藥物上癮的三項重要原因有——「心理有太多煩惱」、「禁不住朋友慫恿」、「藥力的後遺症」等。

由此可見青少年吸毒的苦因是心理煩惱，外緣是惡友慫恿，最後自食惡果是藥力發作，欲罷不能，以至完全受制於毒品了。

報載新竹市一位名叫大明的國三學生，是家庭的獨生子，本來喜愛美術，有意投考高職美工科，無奈，老爸偏給他舖好一條「黃金大道」——先擠入明星高中，再拼上國立大學，之後留學拿博士……而這個安排跟大明的喜好與理想，無異方向相反，背道而馳，但家庭沒有讓大明表示意見的餘地，大明什麼也不再說，只有默默發呆，但內心有一千個、一萬個不願意。又不敢說出口……。

更不幸的是，國三的課業十分繁重，大明的書包除了裝滿教科書外，手上還提一大袋參考書，由於興趣不合，讀得他每天一個頭兩個大，成績又不好；回到家裏還要有聽不完的父母親的嘀咕，反正全部生活快要把他逼瘋了。

有一天，大明在精疲力倦，心煩累亂之餘，抽空跑到一位名叫永平的同學家裏，剛巧對方的父母不在，大明偕同永平就把房門關上，只見永平從書房抽屜拿出一個小盒子，笑著向大明說道：「你不是平時猛向我叫苦嗎？身體疲倦嗎？我請你吃塊『冰』，包你能解除心裏的『煩』，和身體的『累』。」

果然看見永平從盒裏拿出顆粒放在一張錫箔上，用打火機加熱，再把鼻子湊近，吸取冒出來的氣體。片刻後，只見永平心曠神怡，十分舒服的樣子，顯然是那顆冰粒給他的作用。這時，永平不停地鼓舞大明說。

「你的煩惱和勞累靠這個最有效，若是不信，你來試試看；我要是騙你，你可以不要交我這個朋友！」

大明經不起好友的催促，也想分享他眼前那種舒適，那是自己多年來未曾有過的感覺。說也奇怪，大明先吸一口沒什麼感覺，接著一不做、二不休，又連續吸了兩三口，才慢慢的「舒服」起來，剎那間，什麼功課煩惱、成績低下、父母嘮叨等通通都消失了。

從那以後，兩人有志一同分享飄飄欲仙的快感，沈溺下去再也無力自拔。然而，快感消失以後，頃刻又跌入更苦痛的深淵中——精神上焦煩不安、緊張苦悶；生理上會流眼淚、鼻涕、出冷汗、腹部抽痛、腹瀉、肌肉緊促等症狀。

若要人不知，除非己莫為。有一天，哥倆都被捉到警察局，大明的家長接到通知，除了大罵「敗家子」、「畜生」，還能說什麼呢？其實，明智的父母不妨冷靜一想，始作俑者，無疑是自己一手造成，當初為何不跟大明雙向溝通，多聽些他的意見、理由和苦惱呢？

再請讀下則報載——「愈掃愈毒，數字會說話。」

坊間新式毒品層出不窮，繼FM2廣被吸食後，一種新的鎮靜劑「煩寧」又成為青少年新寵，加上電腦網路教授毒品DIY，各類特定場所毒品廣為交換散佈……。台北市毒品種類之多，使用之普遍，已成台灣最大毒品集散地，議員們強烈要求市府應將明年定為「掃毒年」，全力緝毒。

台北市議員陳永德、陳進棋、陳錦祥針對台北市鬧區卡拉OK、PUB、DI

ＳＣＯ等特定場所顧客做一次調查，訪談一千名，主要為十八歲至三十歲的消費者，獲得有效樣本七百三十六件……坦承吸毒者有一成八，否認吸食者佔六成三，有一成九不表示意見，明顯他們存有戒心……但他們表示有朋友或同學吸食毒品的受訪者高達五成四，六成二受訪者說，自己吸食地點以娛樂場所為多，在家裏吸食者佔二成一，另有一成受訪者係在公共場所吸食……毒品的來源，四成二受訪者說由朋友提供，二成七受訪者說，由朋友介紹購買，一成七受訪者說，由毒販在公共場所出售，一成四受訪者說，從藥房直接購得。

吸食頻率以偶爾吸食者佔三成八為最大比例，但一週使用一次者也佔三成六，兩週吸食一次者佔一成二，一個月吸食一次者佔一成一，另有百分之三受訪者一到三天即需要吸食一次。百分之七受訪者說，自己對毒品已有依賴性，否認成癮的受訪者有四成五……，調查顯示台北市的毒品濫用已不容忽視，但警方表示掃毒卻愈掃愈毒，政府要下決心不能再讓青壯和少年人口持續被毒品所害。

果真遇到孩子不能自拔時，父母可要積極從旁協助，而不能單靠孩子努力，須知毒品後續力依然可怕，沒那麼簡單說斷就能斷，即使孩子有心向毒品說「不」，可惜力所不逮，因他需要非同小可的意志力、決斷力和勇氣，例如禪宗有一則「南泉斬貓」的公案值得體悟——

有一天，一群修行人為了一隻貓而爭吵不休，這時，南泉禪師看到如此吵鬧就抓起那隻貓說道：

「你們要是能說個道理來，就救了這隻貓！如果說不出來，那麼，我就當場宰了這隻貓。你們誰出來說吧！」

但是，一群修行人靜悄悄沒人吭氣，也許他們心想：「你大概嘴巴說說罷了，怎會真的殺貓呢？」

南泉禪師看見大家什麼都不說，果然拿出「一刀兩斷」的勇氣與決心，當機立斷，當時把貓斬了。

人在面對生死關頭，和別無選擇的境遇時，若要活下去，就得有這種魄力了。日本俗話說：「一百個理論，抵不上一個實踐」，扯出百種千種不捨的理由都救不了自己，只有用「長痛不如短痛」來衝破猶豫。例如『三國演義』裏，諸葛亮為了確立軍法，賞罰嚴明，也只好揮淚斬了一位愛將馬謖，那是不得已情況下的最好方法，除此別無他途……。

還有大慧普覺禪師語錄上說：「雖未得一刀兩斷，直下坐斷報化佛頭，然卻自有箇信入處。」以及『緇門警訓』卷上也有一句話：「若是大丈夫漢，興決然之志，屏浮濫之行，從腳跟下一刀兩斷，向佛祖外一覷便秀，身心俱了，亦不為難。」在在點破緊要關鍵，只有如此意志力與決斷力才能自救與解脫。

天下父母那會眼睜睜看著孩子這樣痛苦和掙扎？恨不得從旁助以一臂之力，發揮合作無間的機能，這時，也要領悟啐啄同時的禪機，一則拉近親子感情，二則順利救他出來。

請讀『碧巖錄』第十六則：「大凡行腳之人（修行人），須具有啐啄同時之眼，方稱衲僧。」意指母鳥在孵化自己所產的卵的時候，便知殼中的小鳥正用嘴巴從內側敲開鳥殼。我們把從內側敲破蛋殼的動作叫做「啐」。

這時候，母鳥也在敲殼，協助小鳥的誕生。在生物學上，母鳥的動作叫做「啄」，小鳥從內側敲殼的「啐」，與外側的母鳥的「啄」互相呼應，殼破了，才能誕生新生命。

換句話說，光是小鳥在內拚命「啐」，而沒有母鳥的「啄」來幫助，小生命就不易出來。反之，只有母鳥欲「啄」，而裏面小鳥無意去「啐」的話，也無法順利孵化出小鳥。

提倡「啐啄同時」的鏡清禪師，也以親子關係做譬喻：

「母欲啄而子不得不啐。子欲啐而母不得不啄。」

父母親有了意志表示，也要有孩子的呼應，這一來，「親子一體」的關係生焉。只要孩子有決心掙扎出毒品的控制，而父母親加以鼓勵引導和安慰，那麼，孩子自然有衝破執迷的能力。如果只有一邊激勵、鼓舞，單方面的力量就極難突破了。

這時候，雙方都要以耐心、決心做後盾，因為這不是三兩天可以奏效的，家長更不能動輒諷刺、懲罰和破口大罵，那樣反而使孩子更自暴自棄，父母的愛心只有此時最能感化孩子。青少年身心不成熟，容易染上大錯，一旦戒掉了，也不必秋後算帳，照樣要給他勉勵和打氣呀！

5・犯罪與飲食　現代新發現

在豐衣足食的社會，誰家也不缺營養，反因營養過量而成了問題，因為吃得好、運動少，就會成大胖子，膽固醇過多，又引發許多後遺症。台灣衛生署公佈「國人每天營養素攝取量建議表」中，指出十三～十九歲青少年，正值青春發育期，活動量較大，故需要增加總能量及蛋白質需要量。依目前國內的經濟狀況來說，這方面是沒有問題的。

例如，五大基本食物——水果類、蔬菜類、油脂類、五穀類和魚肉類，市場供應很充足，且家家買得起，但對現代青少年來說，都有下列幾點要注意：

正值求學的青少年，功課壓力繁重，來自家庭和升學的煩惱多，整天情緒緊張；面臨就業的青少年，也有作業、感情、交友和錢財的困擾，結果會影響食慾，和能量吸取不足等現象，加上運動及娛樂不平衡，則很容易出問題。別看現代食物的種類繁多，樣式奇奇怪怪，可是，這些多半是商業花招，旨在強調口味、色彩、情調和數量，而忽視營養均衡與身體需要量，在不道德的商業宣傳下，極易吸引青少年的胃口。這一來，他們反而忽視了正常的三餐調配，與定時定量的健康原則。

此外，家長們只知聯考快到，該讓孩子吃什麼補品？或說兒女近來壓力重，該用什麼營養素？而今所謂補品或營養素，對富裕環境的青少年，無異畫蛇添足，沒有太大必要。反而要注意青少年喜愛的速食、零食，都是重口味，缺乏實質營養，長期服用可能導致行為偏差。例如，近日報載：「青少年犯罪是因吃得不對嗎？」其摘要內容於下：

「研究顯示問題青少年飲食內容，以含大量添加物的速食、零食為主，若食品添加物、零食減少後，青少年反社會行為也隨之減少……，營養與犯罪理論目前雖有爭議，但不均衡的飲食，確能影響腦部發育，改變行為。

世風日下，青少年犯罪手法日形凶殘，除了家庭、教育、社會變遷等因素，營養與偏差行為關係再度獲得重視，台灣醫學院保健營養學研究所所長謝明哲認為，青少年偏差行為可看作不均衡飲食所引發的生化傷害，是一種『短路』的生命現象，過去曾以老鼠進行平衡木、走迷宮實驗，發現早期營養缺乏的老鼠平衡性差，學習力降低。營養與犯罪雖無法做人體實驗，但美國、日本學者觀察問題青少年發現，他們的食物缺乏必須的營養素與礦物質，而是大量含人工色素，防腐劑和糖份的麵包、速食麵、漢堡及含糖飲料。

謝明哲表示，長期營養缺乏造成的生化傷害，可能以各種不自覺的症狀為表現，例如，疲倦、無食慾、嗜睡、失眠、對事物漠不關心、消極、不合群、愛打架滋事等。

……董氏基金會，營養主任許惠玉指出，青少年喜愛的速食、零食無不重視口味，特點是高油、高糖、高鹽、高熱量；而汽水、可樂等含糖飲料，除了糖份過高，可能使胰島素分泌過量，讓飲用者出現懶洋洋，注意力不集中等現象；可樂中含有咖啡因，更是一種刺激物質，可能使孩子浮躁不安，也有肥胖、營養不均衡以外的行為問題。

許惠玉表示，董氏基金會巡迴台灣校園觀察發現，維持標準體重組的學童，學習能力及情緒穩定度，均優於營養不均的胖子或瘦子，顯示均衡營養對健康及學習能力都有幫助，她認為標準體重可視為健康身體指標，過胖、過瘦都會導致偏差行為。」

乍讀下，發現現代青少年犯罪，竟跟現代食物有如此顯著關連，難怪以前沒那麼多青少年犯罪，不僅僅因為家庭、教育和社會等各方面穩定而已，也沒那麼多零食和食品添加物等口福可享，而今專家指出，那些食物又給「病從口入」增加一項例證了。

依照佛教醫學記載，食物的功能，即是佛教營養學，依上述情況看，它正好對治青少年犯罪與時髦食物的糾纏。換句話說，佛教營養學可以醫療現在青少年因飲食不健全所引起的諸種症狀。

例如『南傳大藏經』、『彌蘭陀王問經』記載，一天，阿蘭陀王請教一位名叫那先的比丘，有關食物的功能問題。

「那先尊者，涅槃裏也有飲食的五項功能嗎？」

「大王啊！沒錯。食物有五種功能：㈠維持一切有情眾生的壽命。㈡增加力氣。㈢讓容貌膚色生動活潑。㈣平熄煩惱。㈤除去飢餓和衰弱……。」

涅槃是佛教的最終目標，其間也包括食物功能。其中第四、第五兩項有除掉飢餓、衰弱、憂愁等負面作用，讓身心恢復健康。而前一、二、三項為食物的正面作用。

佛教醫學是把食物當藥物來培育身體與心意，但是，食物也可能變成毒物。至於能否發揮食物的正面價值，完全因人而異。有人吃下去，食物會變成良藥，有益他的身心，而有人彷彿吃毒藥一般，因此失掉身心健康。

關於誤用食物的原因，誠如『九橫經』記載：

(1)、把非食物當做食物吃下去。

(2)、不計食量，即飲食過量。

(3)、不按照飲食習慣，例如出門在外，不能定時定量，吃下去也不易消化。

(4)、食物不消化，也照吃不誤。

(5)、大、小便不定時。

(6)、違反五戒——殺生、邪淫、偷竊、飲酒、撒謊。

(7)、親近惡知識。

(8)、行為乖僻、違反習俗。

(9)、不閃避車輛、暴眾或酒醉行為。

現在青少年吃「非食物」的情形特別嚴重。例如速食、零食等幾乎是有毒的甜味食物，或有色彩及防腐劑的食品公害。尤其，青少年經常在小攤或小飲食店，不定時、不定量飲食也不稀罕了。

佛教營養學的旨趣，要把食物當藥品吃，充份受用食物的德性，許多青少年不懂這個。勿寧說，他們反其道而行，才不知不覺走上犯罪的路。

而今美國有一位佛教徒，也是著名的食物研究者雷久南居士，在她的著作『身心靈整體健康』裏，有一章談到人的「飲食、情緒與個性」，我把其間一段卓越的發現摘要於下：

偏食會引起偏激的行為，偏激的慾望和思想，偏食使人無法控制自我，尤其是肉食，會刺激性慾，減低人的敏銳性；加上糖使人產生實際的幻想並減弱精力，兩者加起來造成強烈的性慾和奇怪幻想。這種偏食也間接使黃色書籍、黃色電影氾濫，和男女關係的不滿意。

飲食不平衡不僅有上述後遺症，也同時增加犯罪行為。歐美犯罪率增高與飲食偏差有直接關係。低血糖的症狀，尤其與各種犯罪行為關係密切。

例如，阿根廷有一項研究發現，一百二十九個犯罪人中，只有十三人的血糖正常；美國俄亥俄州的報告發現，一百零二個假釋犯人中，百分之八十二帶有十五種以上不同的低血糖症狀，有些症狀甚至多達五十種以上。

這群假釋犯人一旦改變飲食，停止食用糖，和加工的澱粉，他們的態度和行為即大有改善。監牢的飲食最好以粗麵、新鮮蔬菜、水果為主，因為這種食物最能平衡情緒，協助犯人改邪歸正。

最後，業廚者的情緒對食物也有影響。例如有人警告說，不要吃發怒、生病、或恐懼的人所煮的菜。反之，充滿愛心者煮出來的菜，會有益身心的……。

由此看來，青少年犯罪跟飲食內容、品質、時間、份量等方面有密切關連，不僅在營養多少而已，家長一味給發育期的孩子吃補品，和現代五花八門的食物要十分小心，不妨參照佛教營養學的教導，從多方面調配青少年兒女的飲食文化更趨圓滿。

6·能吃不是福，最新保健法

有一位高中女孩向某位內科醫生訴苦說：「我的身高一五五公分，體重將近五十五公斤，同學們都說我胖。我很煩惱，我想要變瘦一點，請問怎樣才能減輕體重呢？以前，我也做過減肥體操、服過減肥藥，可是效果不彰，便停止了好長一段日子。因為我的自尊心頗強，不願向其他身材苗條的同學請教秘訣，只好來請教您……。」

我想，這種人古代不常見，反而今天屢見不鮮，原因何在？值得深思！

在美國，根據全國健康統計中心的資料顯示，近三十年來，體重超重的兒童增加了一倍，尤以近幾年為烈。

研究人員認為，造成這個現象的原因是，卡洛里攝取增加和運動量減少。從一九八八年到一九九一年期間，六歲到十七歲的兒童與青少年裏，共有四百七十萬人過重，比一九六三年到六五年的百分之五增加了一倍多。過重的青少年容易成為超重的成人，會罹患膽的疾病、骨關節炎、糖尿病、心臟病、某些癌症，也很容易早死。所以，不能掉以輕心。

因此，專家們一致建議：「只有增加運動，這對青少年和成人都適用，且有效果。」

那麼，青少年體重到底要多少才算適當，至今也頗難有一致的意見。但可以肯定的是，體重不能太依照「美」的眼光來定奪，應以「健康」為準則；那怕愛「美」是人類的天性，古今中外都一樣，但若沒有了健康的體重，那麼，「美」又有何意義呢？而今總不能還執迷「林黛玉」那類瘦美人啊！

沒錯，超越常情的肥胖即是「太胖」。那是一種可以醫治的疾病，而不是絕症。它會使青少年自卑，尤其對青春少女的打擊非同小可，而今市面不乏這方面的廣告——減肥藥，但盼不要盲從服藥，還是先請教醫生。

肥胖不會遺傳，而是後天飲食與運動的原因使然，所以，要積極從這些方面下手，而且專家也持這種立場。

尤其不可忘記，這種治療全靠自己，而不需仰賴別人和藥品。例如，自己貪吃又懶得動，一天到晚坐著看電視、睡懶覺，這樣的身體非胖不可。所以，對治得靠自己的努力與信心。既然這樣，青少年朋友還要自尋苦惱嗎？

不明佛理的人，以為終日待在廟裏修行打坐，便能成為菩薩，證悟果位，其實不對，只有在日常生活照顧好自己的穿衣吃飯，例如，灑掃煮飯、搬柴運水、供養大眾、忙碌作業，如詩偈說：「粥罷令教洗鉢盂，豁然心地自相符，而今參飽叢林客，且道其間有悟無。」像這不停地帶動筋骨，進進出出，難道不是最好的運動嗎？下則禪話是最清楚的證據：

有一初學青年請教趙州禪師說：

「我是剛入門的求道者，誠懇請求老師給予一些特別的指教。」

趙州說：「你吃過早飯沒有？」

「謝謝！我用過了。」

「那麼，去把自己的食器洗乾淨吧！」

「我也洗乾淨了。」

「你去把地面和內外打掃一下吧！」

初學青年終於忍不住埋怨說：「難道洗碗掃地以外，老師就沒有別的禪法教我嗎？」

趙州禪師也不高興地說道：「我真不懂除了洗碗掃地以外，還有什麼禪法？」

如果信受佛法，自然每天不忘禪行修持，這一來，運動量肯定不缺，不僅身體不會胖，反而更健壯。

還有近代一位禪門大德——弘一大師，一向落實戒律，每餐飲食非常簡樸，更是對治現代青少年暴飲暴食的最好方法。例如有一次，當時著名的教育家夏丐尊先生前去拜訪弘一大師、吃飯時，只見大師只吃一道鹹菜，夏先生過意不去地問道：「難道你不嫌這道鹹菜大鹹了嗎？」

弘一大師回答說：「鹹有鹹的味道。」

過一會兒，弘一大師吃好後，手裏端一杯開水，夏先生又皺皺眉頭說：「沒有茶葉嗎？怎麼每天都喝這樣平淡的開水呢？」

弘一大師又笑一笑說：「開水雖淡，但淡也有淡的味道。」

現代青少年三餐享受山珍海味，不是漢堡、牛排，就是雞鴨魚肉，飯後又有各種水果、糖果，隨時可喝果汁、汽水，無一不是補品和營養品，反而不知粗茶淡飯的意義，味於飲食簡單的價值。這樣，身體怎麼會不胖呢？別忘了古德留言：「病從口入」，警告大家多吃不是福，今非昔比，在營養過剩的時代，許多補藥、營養品有時會成為催命劑，一味補充和服用，不胖也難，切記！切記。

最後，有一則膾炙人口的佛經故事，啟人深省，出自『法句譬喻經』第三，值得一讀再讀，甚至三讀四讀：

古印度的波斯匿王身廣體胖、生性傲慢、縱情溺慾，尤其嘴巴貪吃五味，又不常運動，致使身體臃腫得連行路坐臥都不便，甚至呼吸緊迫，好像隨時要斷氣的樣子。

他很苦惱，一天，靠著侍衛扶持，搭車去造訪佛陀，老實吐露自己眼前的苦惱：

「我不知前世造了什麼罪業，竟胖成這個樣子，害得我好苦，請問有什麼方法可以除去這種煩惱呢？」

佛陀看他辛苦支撐身體，說話喘氣，就開示說：

「大王，人的肥胖有五種原因：一是貪吃，二是貪睡，三是耽於享受，四是不勞心，五是不工作。若想減肥，當然要少吃、努力工作。」

接著，佛陀又作一首詩偈：

「只要肯節食，便會減痛苦，身體輕鬆，延年益壽，何樂不為呢？」

國王聽了很歡喜，即刻吩咐身邊的廚子說：

「你要牢記佛陀的偈文，今後安排飲食時，都要唱誦一遍偈文。」

國王回宮後，每次吃飯都叫廚子唱偈文。這一來，國王才不致貪吃，身體就逐漸減輕了。

國王為了向佛陀報告這份喜訊，便親自徒步到佛陀的精舍去。佛陀問他：

「你坐車和騎馬都方便，怎麼今天會走路來呢？」

「我聽您的指示後，確確實實去做，才有現在輕快的身體。因為心情舒暢，既不想坐車，也不願騎馬，特地來向您致謝。

佛陀說：「世人都以為有得吃，又能任意喝飲，才算幸福。其實，人死了，精神消失，身軀就變成殘骸。因此，智者勤於培養精神，患者只知養育身體。」

國王聽了佛法，恍然大悟。

同理，忽視最新保健常識，而沈溺「吃喝是福」的錯誤傳統，便有如此苦果！

第二章　青少年的養心法門

1．比來比去　自尋苦惱

有一則自由時報的讀者投書，內容如下：

「我是念美術班的高中女生，幾乎把所有時間精神都花在課業上。我知道自己資質差，所以比別人更加倍努力。別的同學幾乎都在打工，功課也沒有比我差，甚至比我好。這樣的挫折感已有三年了，我在美術方面投入大量的時間心力及父母的血汗錢，但我卻逐漸失去信心，真令我痛苦。而我的感情世界則為零，不知為何，我無法對男生談笑，生活平淡無趣。大家都說我的脾氣好，我卻非常討厭自己。覺得自己沒有用、沒個性、生命空洞，日子過得很不快樂。」

這位女生「不快樂」，全是自己跟別人「比」出來的，但她比得不高明，只看到別人的優點，不知別人也有缺點，也許缺點比自己還多；同時，忘了自己也有優點，也許別人正在羡慕你呢？你自己不知道，而別人也沒說而已，「人比人氣死人」，全是自己愛作傻瓜，不智之最，莫過於此。

有道是「天生我材必有用」。表面上自己的美術天份不如人，也許內在潛力尚未真正發揮和發掘，就愛幻想、鑽牛角尖，而生出莫名的悲觀，以致失去自信。

還有「大器晚成」和「有志竟成」也是事實，記得我以前讀師範學校，班上有三、四位同學的美術資質非常好，成績單卓越，每逢週末假日，他們都率領一群美術愛好者去郊外寫生；畢業後大家紛紛被派到家鄉的小學服務，十幾二十年開一次同學會時，始知那幾位美術資優生中途有各種原因拋棄了畫筆，只當作少年期的回憶，反而有一位資質平庸，但有濃厚美術興趣的同學，由於家境不錯，婚後妻子鼓勵他保持這份興趣，使他一有空就揮起畫筆，多年下來，成績可觀，幾次全省美術展覽都有他的傑作入選，儼然成了著名的鄉土畫家，頓使當年那幾位美術成績卓越的同學目瞪口呆，嘆息自己技不如人，且愈差愈遠了。

總之，現在不怎麼樣，也許將來成了名人，各行各業的例證太多啦！奉勸這位女同學不要灰心！

至於感情生活一片空白也不必擔憂，求學時代少談男女感情才好，有了未必可喜，可能煩惱更多哩！畢業後會怕沒有機會嗎？要能對男生談笑風生沒什麼了不起，更不必因此羨慕別人，只要平時誠懇，大方跟男生談論功課，分享學業研究的樂趣，一回生、二回熟，以後包管能如魚得水。若說「自己沒有用、沒個性、生命空洞」，簡直無聊透頂，太小看自己了。

下則禪話也許能讓你得到寶貴的啟示——

有一個學僧道岫，雖然精於禪道的修持，但始終不能契悟，眼看比他晚入參禪學道的同伴，不少人對禪都能有所體會，想想自己實在沒有資格學禪，既不幽默，又無靈巧，始終不能入門。心想還是乖乖做個行腳的苦行僧吧！於是，道岫就打點二斤半的衣單，計劃遠行。臨走時，他到法堂去向廣圄禪師辭行。

道岫稟告道：「老師，學僧辜負您的慈悲，自從皈投在您座下參學已有十年之久，對禪，仍是一點消息沒有。我實在不是學禪的根器，今向您老辭行，我將雲遊他去。」

廣圄禪師非常驚訝問道：「哦！為什麼沒有覺悟就要走呢？難道到別處就可以覺悟嗎？」

道岫誠懇地再稟告道：「我每天除了吃飯、睡覺以外，都精進於道業上的修持，我用功就是因緣不合。反觀同參的道友們一個個都契機的回歸根源。目前在我心的深處，萌發一股倦怠感，我想我還是做個行腳的苦行僧吧！」

廣圄禪師聽後開示道：「悟，是一種內在本性的流露，根本無法形容，也無法傳達給別人，更是學不來也急不得。別人是別人的境界，你修你的禪道，這是兩回事，為什麼要混為一談呢？」

道岫道：「老師，您不知道，我跟同參們一比，立刻就有大鵬鳥與小麻雀的慚愧。」

廣圄禪師故作不知地問道：「怎麼樣的大？怎麼樣的小？」

道岫答道：「大鵬鳥一展翅能飛越幾百里，而我尚囿於草地上的方圓幾丈而已。」

廣圄禪師意味深長地說道：「大鵬鳥一展翅能飛越幾百里，牠已經飛越生死了嗎？」

道岫禪僧聽了默不作聲，似有所悟。

（錄自『星雲禪話』第四集）

有人說，人生好像一場馬拉松賽，要比嘛，不是比現在，而是比最後誰能最先到達終點，就如龜兔賽跑一樣，誰能堅持最後一分鐘，誰就是勝利者。少男少女無疑尚未起跑，全都站在人生的起跑線上，怎可這樣洩氣呢？禪者也習慣跟自己比，例如道元禪師說：「百尺竿頭，更進一步。」這個意謂今天的我，要強過昨天的我，且明天的我也得強過今天的我，藉此警惕自己不能偷懶、鬆弛，也就是力求精進的佛陀教誡。

心理學者有一種常態分配說，也叫做鐘形分配說，那是指人類的智力、才能、身高和體重等狀況，絕大多數都聚集在中央，左右兩極端呈現絕對少數。換句話說，幾乎每個人的天份資質都差不多，最笨和最聰明者也寥寥無幾，依現在術語來說，那就是智障和天才微乎其微，堪稱「人間的稀有動物」。

自己既能考入高中求學，當然位於常態分配的絕大多數群了，那就是「比不上足，比下有餘」，大家彼此彼此，不差上下，所以不要自尋苦惱，應該學習禪者「心如虛空，量週沙界」的胸懷來面對眼前的學生生活。

2．藏之於內苦　宣洩於外樂

我有一位堂侄的孩子，在桃園讀國三，算是我的晚輩又晚輩。雖然輩份和年齡跟我差一大截，生活經驗依我看來，根本微不足道，但我們談話很投緣，我不會正經八百，提起叔公的長輩面孔，反愛跟他嘻皮笑臉、逗著他玩呢。這一來，我們幾乎沒有距離了，也因而「三不五時」聽得到他的坦率心聲：

「我近來心情好亂，覺得看什麼都不順眼，做什麼事都不帶勁。心裏好煩好煩，真想一把抓起那些教科書丟到火爐燒掉算了……。」

寫到這兒，我猛然想起嘉義基督教醫院精神科一位趙醫生的談話：

「青少年憂鬱症是可怕的隱形殺手，他們抱怨身體不舒適或懷疑身體有異樣，然而到處檢查都沒問題，之後開始煩躁不安、易怒，覺得自己記憶力減退，學業成績一落千丈，有人甚至因此不去上學，將自己封閉在自設的藩籬中。青少年時期有過憂鬱傾向的人，佔百分之十到七十，典型的憂鬱症狀是心情低落、沮喪、沒自信、悲觀、失眠、食慾減退、動作反應變慢、健忘、情緒暴躁易怒，覺得自己沒有用等……。」

哇！趙醫生說得夠清楚了，我暗自尋思，堂侄那個孩子老是喊心煩，正是青少年期的症狀。難怪他內心深處不時流露強烈的無助感與絕望感。所以，我經常趁機疏導他，免得他在孤獨無助下想不開，做了傻事。因為專家們不時警告家長們說，青少年極易在這種情況下濫用藥物、自我傷害，甚至嚴重到自絕。

其實，每位家長，教師都有過自己的青少年期，深刻體驗過當初生理發育，易有內分泌失調、而導致心理、情緒的變化經驗。

沒錯，中學生沒有社會經歷，未曾經過嚴重的生活挫折和世間的辛酸，但這不表示他（她）們能夠無憂無慮，學校生活再單純、再多師友之愛，一樣有他們滿肚子牢騷、埋怨與莫名的苦悶，因為人都有七情六慾，喜怒哀樂！既然如此，與其壓抑或堵塞它，不如設法發洩和清除它，才是合理、健康的對應之道。

報載台北市內湖麗山國中有一個「塗鴉區」，可讓學生盡情在這個園地發表各種意見，從情緒的臭罵、批判師長，到理性提出建議，言論無尺度、罵人不受罰，可說是另類的校園民主牆。恕我轉錄詳情於下，看來真有意思：

「塗鴉區」是校長和訓導人員本學期的創舉，校方把「塗鴉區」設定為學生

「情緒的垃圾筒」，提供學生一個發洩情緒的場所，也可作為了解學生「在想什麼」的窗口。

「塗鴉區」設在校舍中心棟一樓牆面上，原本是海報形式，但每天貼換費時費力，而且根本不敷使用，後來學校索性裝一面黑板，好讓學生塗寫個夠。

校方剛宣佈學生可以寫任何他們想說的話時，一開始，學生半信半疑，不相信有這種「好事」。還有人跑到訓導處問：「真的什麼都可以寫嗎？」沒多久，各種三字經、粗話穢語盡出，還有人辱罵老師，但校方真的容忍下來，一段時間「試驗」下來，學生發覺暢所欲言「真的不會有事」，這才放心大寫特寫。現在每逢下課時間，只見塗鴉區前大家搶著拿粉筆寫了。

學校開放一個園地讓學生「公然合法」罵老師……學生也在此交換各種資訊，更能讓師長了解他們在做什麼。例如，有一次塗鴉區上出現「軒轅幫」招募新血的廣告，把校方嚇一跳，以為什麼幫派；經進一步了解，始知那是一群自稱為「黃帝」，好講黃色笑話的學生，在「呼朋引伴」。

「塗鴉區」原本讓學生自由發揮，後來改為「每日一題」大家談，由訓導處出題，學生據此各持己見，使塗鴉區兼具搜集民意的功能。現在，學生可以穿各式各樣的球鞋上學，不限以前學校規定的白色球鞋。即是校方回應學生提出的要求。

乍讀下，不禁讓人驚嘆，讓人擊掌。該校竟能別出心裁，讓青少年們宣洩情緒之餘，還能從中發現問題，及早因應解決。根據該校後來透露，一學期下來，明顯發現教室玻璃破損減少。課桌椅被「分屍」的比率也降低了，學生也不會再在學校其他牆面上亂塗亂寫，把牆壁搞得污髒。

的確，解決問題有時要用善巧、方便，不能執迷傳統方式，若以二、三十年前的眼光看，「塗鴉區」無異學生胡作非為，非記過懲罰不可，殊不知它有不尋常的正面作用，誠如前北市政府教育局長吳英璋說：「情緒過濾掉了，剩下的就是訊息。」

這些訊息平日校方與老師都不易直接得自學生，如今取得，應該好好珍惜，它能協助校方「對症下藥」，解決問題。所以，這是極佳且值得鼓勵的措施。

我一再強調：凡事有果必有因，煩惱是「苦果」，追根究底，必須找尋「苦因」所在；煩惱類別或性質有多種，查明到底為何煩惱是當務之急，之後對症下藥，才能破解煩惱。這是一般常識，可惜家長們有時反其道而行，不問孩子的苦因，一見苦果就開口大罵，或用不當方式處理，無異會加重病況，非常不智，所以佛經上說：「菩薩畏因、眾生畏果。」正是此意。

有時孩子一味沈默，看似乖乖聽話，也不能肯定他內心沒有牢騷。事事很寫意，果真沒事，也別忘了佛教的智慧：「因緣剎那生，也會剎那滅」，人有眼、耳、鼻、舌、身等五種官能，時時刻刻、分分秒秒，都跟錯縱複雜的外界保持連繫，外邊風吹草動，都能讓人牽一髮動全身，思想觀念、行為反應都會受到影響。這一來，一個人就很難保持永遠的平靜與常態。那麼，家長和教師們就要隨時跟他（她）保持良性互動，打開雙向溝通之門，選擇適宜時機，授予若干對治煩惱的秘訣，好在大人都是青少年的過來人和老前輩，提供經驗與防治之道應該不難。古人說：「不來則已，一來不可收拾。」再三警告平時在表面上規矩的孩子，也不能掉以輕心。

美國報載一名肯塔基的十四歲高中生，學業成績乙等，沒有犯過錯，平時沈默寡言，不太交際，不料有一天，看他怪怪的上課前戴起耳塞，突然掏出槍來冷靜地向同學們亂射，造成三死五傷的悲劇。據事後調查透露，該生在事發前一天，因細故與一位同學口角，懷怨在心，為了洩恨，一時魯莽想不開，就不計後果從家裏偷槍出來報復，但事前誰能料想得呢？

『無門關』是一本膾炙人口的禪集，編自宋代高僧無門慧開，其中有一首佛教徒耳熟能詳的詩偈，堪作本題的另一詮釋。那是：

「春有百花秋有月，夏有涼風冬有雪。

若無閒事掛心頭，便是人間好時節。」

詩意很清楚，人若心事重重或滿肚子說不出的煩惱，即使美景當前，看來也索然無味。我想，青少年心中有了掛礙，天氣再好，也會嫌冷嫌熱，一味嘀咕。反之，心中了無牽掛，就會呈現青春活潑的本性，看到風吹草動，就彷彿沐浴春風，爽快極了。

寄語青少年朋友，身體有病看醫生，心裏不爽要反省、要坦逑，一直悶在肚子裏傷害更重哩！

3．失之毫釐　差之千里

張老師主編的青少年系列，曾對「同性戀」提示以下幾項重要指標：

一、他（她）有一種自己無法控制，想要與同性有親密行為的想法（包括想與同性親吻、愛撫，乃至性行為），雖然，他（她）不一定如此做。

二、情感和慾望的對象只限於同性，對異性多半沒有興趣，即使有年輕美貌的異性在身邊無動於衷，甚至厭惡，但是，光對異性毫無興趣，不宜遽下結論認為是同性戀者。

三、渴望同性的書信、文字、談話，甚至為之神魂顛倒，對於異性反而漠不關心。

四、除了兼有戀童性格者外，對其他性格活動亦無興趣。

依我看，這些指標似嫌模糊，只要事實上，有真正的性行為和親吻，肯定是不正常、不能鼓勵以外，其他只在情感上有同性關懷或興趣，縱使傾向強烈一些，也不能說他（她）是同性戀，而加以指責或歧視。

例如，以下兩位都是張老師的投書者，也都在這樣模糊地帶徬徨、苦惱。

㈠

張老師，您好：

我是一個高二的女學生，今年暑假是我過得最愉快，卻也是最痛苦的一個暑假，我認識了一個外表很男性化的同學，我們談得很投緣，甚至「同居」了一個暑假。我們住在一起、睡同一張床、一起洗澡、一起看書、逛街，當她和別的同學在一起的時候，我心裏好難過，只要一天沒看到她，就想哭、想罵人，老師，我是不是同性戀了，同學們也都在私下這麼說，請您快來信告訴我好嗎？另外，引起同性戀的原因是什麼呢？

苦惱的少女　敬上

原因很明顯，只因那位同學外表很「男性化」，就逐漸認同她是個男人，心理上已經視她為異性了。這一來，便產生異性相吸的自然法則。所以，那個少女基本上還是傾向異性戀，至於目睹對方跟別的同學在一起，自己心裏不好過，小氣的同性間也會有，不足為奇，因為自己心胸窄狹、交遊圈小，目睹經常在一起的同性朋友，忽然跟別人打交道、忽視了自己，寂寞之餘也會感到不好過，所以談不上是戀愛的吃醋，不必耽心是一種同性戀。

(二)

張老師，您好！

我是個私立女中的學生，平時功課頂忙，休閒時間甚少，每天接觸的人，不是家人便是班上同學。

近來，班上有些同學喜歡打扮成男孩子模樣，無論是外表、言行、舉止，沒有地方不像。尤其是班上有兩三位同學，長得一臉「俊秀」，動作更是男性化，是稱作「帥哥」型的人物。在學校，見到的都是女孩，對男生沒有任何興趣，不知不覺中，對那些「帥哥」產生特別好感，俗話說：「日久生情」。這份情是友情嗎？或許時間久了會淡些，曾經考慮過將來就和一個女生生活算了……。

苦悶的女孩　敬上

她也把幾位「打扮成男孩子模樣」，一臉「俊秀」，動作像「帥哥」型的女同學，看作真正的「男孩」，弄假成真，而付出一種對異性的感情。

事實上，這也是一種十足的異性戀，或蠻正常的異性感情。誠如她自己說，周遭接觸都是同性的女孩，找不到男孩，思春期愛慕異性的需要無處得到滿足，既無時間向外找，又沒有男孩在生活圈裏，便忍不住將稍有男性化的女生幻想成真實異性，說穿了仍舊是很自然的異性感情，如上述過份弄假成真。所以，短時迷糊不必怕，以後碰到真正男孩，應該會清醒和覺悟以前的失誤，有此自覺，則一切煩惱都會雲消霧散……。

我始終認為「同性戀」是一種時髦或現代病之一，不必刻意製作聳人聽聞的內容，只要不在生理上愚痴地發展出某種醜惡的反理性動作。那麼，光是感情或情趣特別友好、投緣，實在不值得大驚小怪或虛張聲勢。

果真意外地，雙方有超友誼的生理接觸，就要加以譴責與阻止，千萬不可太好奇，惡作劇和肆無忌憚。

還有兩人或兩人以上有多方面——個性、興趣、抱負、能力、人格特質、家境……等條件非常契合與近似，朝夕相處，或同學或同事，日子久了易生特殊友情，所謂莫逆之交、肝膽相照，無疑天經地義自古皆然，而且不算罕見。

例如，『三國演義』有劉備、關公和張飛三人，自從桃園結拜，發願不能同年同月同日生，也願同年同月同日死，彼此全心投入，共同要恢復漢室，不顧個人生死與家庭，而將全部精力、時間和思考為同一個目標打拚。除非迫不得已，為形勢所逼，才暫時分開分居。否則，還不是大家形影不離，在感情與思想上連成一氣，彼此交融的程度和密度都非比尋常。難道這也是同性戀嗎？非也，那純粹是一種高度的精神結合，遠比生理慾望更高級的昇華結果。

『法句經』上說：「若得有智慧的，行為正的，賢明的同行伴侶，能克服一切危難，集中思慮，欣然與他同行。」

佛教史上膾炙人口的舍利弗與目犍連，兩人自年輕起就「英雄惜英雄」，彼此欣賞，且共同追求人生最高的真理，雙方約好：「誰先碰到良師，能悟究竟解脫之道，便應通知對方，相偕去投奔。」不久，他們果然一同去皈依佛陀，之後一直到死，同時學習、同時修行和同時成就。比自己的親人還要親密和友愛。當舍利弗入滅的消息傳到目犍連耳朵，目犍連也立刻向佛陀表示，自己也要跟著去，最後才如願以償。

總之，同性戀也罷，異性戀也罷，都是一顆不安定的心，莫名其妙地搖撼、追求；反正一切有情眾生，因有這顆變易性與可塑性甚大的潛能起作用，才會煩惱叢生。尤其，青少年朋友情竇初開，昧於處理和疏導的秘訣，才格外顯得慌張、惶恐；但請別耽心。誠執信受佛陀如下的教誡即可——

「善制御輕躁的，難捉摸的，隨從欲愛活動的心；凡已經制御的心，都能引至快樂。」（『法句經』三十五）

「應防護極難察見的，極細微的，隨從欲愛活動的心；智者已經防護的心，都能引至安樂。」（『法與經』三十六）

4・美醜不重要 內在擺第一

聽到兩位自稱「醜小鴨」的訴苦，頗讓人噴飯。

A姑娘埋怨說，只要天一亮，就想到會面對許多人，相形見絀。暗怨爸媽怎會給我生出一張醜臉——小眼睛又單眼皮，扁鼻子及大嘴巴，光是這四大缺陷就讓我不敢出現在人多的場合，深怕會遭人譏笑：「怎麼長得這個樣子？」在全班三十幾位女同學裏，我暗自跟她們比較過，自己的確很難看，雖然鄰座同學不斷稱讚我說：「你的內在美頂不錯嘛！」一聽到「內在美」，我就更加痛心，那顯然表示我長得奇形怪狀，才用這個相反詞誇稱我，安慰我。

有位女生雖然臉孔不怎麼樣，但卻有一對迷人的大眼睛，有位女生即使個子矮小，卻擁有一個高高的鼻子，反正都有一樣令人羨慕，可是我呢？唉！不說也罷，說來就傷心……。

B姑娘也不只一次向媽媽抱怨，怎會給她這對小小眼睛、單眼皮；每次看到班上誰有大眼睛，就會羨慕與嫉妒。如果做得到，她願付出一切代價去換取一對漂亮的大眼睛。回憶小時候，她抱怨媽媽時，媽還會安慰她，說眼睛雖然小了一點，但就整體來說，還是蠻可愛、蠻順眼。後來惶恐次數多了，媽媽終於不耐煩罵她說：

「你好不知足，我沒有少生給你一雙手、一雙腳，你就應該偷笑了。你可知道當初懷你、生你有多辛苦嗎？既沒有營養可以補身，又要受婆婆的氣，怎麼？你還要抱怨什麼？」

每次聽到媽媽這樣回答，她再也不敢說話，只好把眼淚往肚裏吞，生氣往外發洩……。

說真的，只要不是殘障或智障，那麼，擁有健全的五官（眼、耳、鼻、舌、身）、四肢（手和腳）和頭顱等，行動、說話都方便，這樣完整無缺的調配，就應該知足、感恩和惜福，至於身體高矮、面貌美醜、五官大小、膚色黑白等參差不同，無疑是自然的，各種因因緣緣合和而成，應該接受這個現實，不宜埋怨、詛罵和憎恨。應以平常心看待。但反過來說，緣生緣滅指因緣在每一剎那都會生生滅滅，沒有不變的現象。同理，人體胖瘦，面貌美醜也會起變化，不可能一輩子如此，俗話說「女大十八變」，尤其顯著。何況，現代醫學發達，藥品、食物、服飾和化粧等日新月異，不但能美化人的外表，且能極大程度改變人體狀態。不信時，請讀下則報載：

辣妹文化的盛行已經對新人類審美觀產生影響了。美容整形醫師發現，到整形外科診所動手術的女孩，很多才十幾二十歲，有些女孩本身已經是身材一流，但為了擁有一個連明星都比不上的美麗外表，一點都不怕挨刀。

這群年輕女孩子對於美麗有一套嚴謹的計劃，雙眼皮手術做完了，等存夠錢再來隆乳、抽脂。年紀輕輕就確立自己短期人生目標，並按計劃執行，辣妹們競美的毅力連醫生都讚嘆和搖頭。

還有一則類似的報載：

馬偕醫院整形外科蕭主任指出，最近十七、八歲就做整形手術的人愈來愈多，其中又以就讀五專的女生最多。她們絕大多數都是在外兼職，由於提早接觸社會，談吐及打扮都與一般同年齡學生大不相同。她們要做的手術，如抽脂或隆乳，也與以往一般青少年只做雙眼皮手術不一樣。對她們來說，整形手術就像染髮，或買新衣服一樣平常。

整形者的年齡層有日益下降的趨勢，十幾歲就做整形的青少年，大部份單槍匹馬來，只有少部份由父母陪同。許多「變臉少年」不諱言將辛苦打工所得，全部用來整形。

蕭主任說，受術者大都不是滿身肥肉，而是身材還不錯的少女，為了雕塑魔鬼身材，她們要求抽掉臀部、小腹、大腿、小腿，甚至是臉上的脂肪。

當然，這是部份「新新人類」的新審美觀，矯往過正，不宜倣效。但是，較小程度的人工改變，則屬人之常情，例如「瘦排骨」的人，可以變胖一些、滿臉「青春痘」也可用化粧品、「矮個子」不妨靠營養和運動來提高……，至於無法克服的狀態可用因緣法來思考，那就是總有一天會改變的，時間早晚而已，但千萬不要鑽牛角尖，刻意跟自己過不去，天天埋怨上天和父母。總的來說，與其刻意去改變現實，不如先改變自己的觀念或心意……。

還有牢記佛陀一句話：

「對於心和身，不執著為『我所有』，因為沒有『我所有』，才會無憂慮，此人可稱作修行人。」（『法句經』三六七）。

別說不要執著自己的身體那裏缺陷，那裏不美，說得徹底些，連全身上下都不屬於自己所有，只是因緣俱足才暫時讓自己保存，若能徹底領悟這一點，那何必耿耿於懷美醜、高矮和胖瘦呢?另外，美醜標準由誰來界定呢?絕對的美醜怎樣呢?「情人眼裏出西施」，「三界由心造」，只要有真情，觀念很正確，其他什麼都不要緊。

俗話說得好，人的最大價值不在身體外表，而在內涵——聰明才智，和以後的成就。例如聰明人讀書考試，一帆風順，令人敬仰不已;佛教徒耳熟能詳「慧根」一詞，那也是天生稟賦非比尋常，一聽到高人指點，便能得到人生智慧，過著無憂無慮的日子，那怕她是個醜八怪、瘦排骨、小眼睛、扁鼻子等都無關緊要了;倘若他肯努力，事業有成就、德行也很好，肯定有無數人崇拜他……反之，長得再美好，相貌堂堂、身材高䠷，甚至聚集所有美麗於一身，肚子裏空空，頭腦也「透逗」的話，結果又如何呢?恐怕不被人譏笑也難吧!?

本題在奉勸兩種人:「美人」不要得意和驕傲，「醜人」也無須自卑和失望;美醜因緣會變化，尤其別忘了人的最大價值。

最後，請讀『賢愚經』波斯匿王女金剛品一則記載:

王后即將臨盆，宮裏內外忙得人仰馬翻。波斯匿王更是坐立不安，好不容易等到宮娥來報喜，國王興沖沖的走入寢宮，看看新生嬰兒。一看，心便往下墜，直落水窖底，孩子的長相，不是一個醜字可以概括得了的；毛髮根根倒立，貌似苦瓜，皮如犁牛。

波斯匿王下令，生下醜女的消息不可外洩，密遣心腹另闢居室，嚴加衛護，秘密撫養，希望女大十八變，金剛公主這隻醜小鴨會有一天變成白天鵝。可是等到及笄之年，還是醜女一名，這時候，國王又為金剛公主婚嫁問題大傷腦筋了。

國王派人在豪門望族中，明查暗訪家道中落的年輕男子，找到一位頗具才華的少年，波斯匿王實情相告，希望他能娶公主為妻，國王為他們蓋深院殿閣，讓他做大官，不過，他必須守密，不得暴露公主的身份，也不可以讓公主跟外界接觸，少年都答應了。

做了大官，應酬也多了，每次宴會，別人都是夫妻同往，只有他獨自來去。眾人私下議論他的妻子，如果不是美若天仙，就是奇醜無比，越說越起勁，也越想找出答案。於是特別安排一次狂歡會，推杯換盞，殷勤勸飲，把駙馬爺灌得酩酊大醉，拿了他的鑰匙，一齊去他家探究竟。

再說醜公主，生下來便過著暗無天日的生活，想不到出嫁後還是被幽禁，不知是那一世種的罪因？每天在暗室至誠祈禱，敬祈佛陀救度。

佛陀見因緣已到，便運用神通從地上踴現，醜女見佛相莊嚴，心生歡喜，敬心逾前，醜惡之相，傾刻盡滅。那一群人就在佛陀隱滅之後來到，他們終於看到了一位雍容艷麗的端莊少婦。

這則故事的啟示，不在佛陀運用神通在地上踴現，或醜公主每天在暗室祈禱求援，而在「醜女見佛祖莊嚴，心生歡喜……醜惡相滅盡。」所以，不管自己生得怎麼醜，只要內心不執迷美醜相，一切丟開，每天歡歡喜喜過日子，即日日是好日，時時是良辰，那種開心、滿足、自在、無礙自然呈現在臉上，窈窕淑女的端莊也會更迷人；反之，心事重重，愁眉苦臉有什麼好看呢？肯定人見人厭，避之惟恐不及了。

5．少壯不努力　老大徒傷悲

「我生長在家庭富裕的環境，從小不必吃苦，雖然上有哥姊，下有一個妹妹，但是，父母親還是蠻疼我的，即使我不愛讀書，功課始終在中下，一天到晚頭腦所想的是玩！玩！還是玩。去年暑假參加高中聯考落榜，連私立高中也沒錄取，可是我有多差勁。父母親沒有太過責備，反而帶我去日本遊山玩水，給我散散心，好讓我下學期去補習，準備明年再考。反正家裏經濟不必我操心，說真的，我不升學，不再讀書，光憑我的家產，將來也不愁生活的……。從外國遊玩回來，使我的心更野了，更無心讀書了，恨不得每年出國遊玩，心想：『少年不多玩，枉為少年人』，可見我是個沒有憂愁的人，若說有，就是討厭的學校功課和考試，包括在校各種大考小考，以及升學考……。」

我從一份報紙副刊上摘錄下來，姑且從此談起吧！

表面上，這位同學的命真好，任誰都會羨慕他，所謂「少年不識愁苦味」，非他莫屬了，當然，學校功課是他的最苦和最恨。但從另一方面說，這種環境也潛伏許多危機，生於憂患，死於安樂，正是暗示他這種境遇，倘若他一味享樂，不知努力充實自己，後果可想而知，而且這方面的例證太多了。姑且不談太多大道理，現在改從佛法的觀點分析一下。

他從上輩子修來的福報，才讓他比別人享受許多，殊不知這種福報好像銀行存款，天天用它，自然有用光的一天，既然這樣，自己就要預先做準備，用光後怎麼辦？還有世間一切變化都是無常，誰能擔保家產會永遠任他享樂，而不會中途失散呢？那時候，別說沒福可享，恐怕連養家吃飯都成問題，既然這樣，豈可不學一技之長，以備不時之需。縱使他的家產還在，可讓他逍遙一輩子，試想這樣生活有何意義和價值？別說無益於社會，彷彿一隻寄生蟲，恐怕也會被妻兒瞧不起呢？若不信，請聽一位富家中奶奶的苦悶心聲：

「當年嫁給他並非為了他家的財富，而是被他豐富的人生閱歷，及各類運動表現所迷惑，當然他懂得享受，出手大方，我們才能上高級餐廳，及私人俱樂部享受美食。

就因他家境富有，他母親寵他是老么，不要他上班工作，只需向父兄領乾薪零花，其他一切由家裏提供……別人都羨慕我釣到金龜婿，我們感情也算不錯，但是，我愈來愈無法忍受擁有一個不上班的老公，有時甚至看他遊手好閒，我是不擔心他會有外遇或染上不良習慣，因婆家人管得蠻緊，我心理上總覺得他不做事，讓我顏面無光。

最近為了催他去上班吵了幾次架，他嘴裏說好卻一拖再拖，毫無誠意，我不知如何讓這三十幾歲的大男人，成為有用之人？」

這段話也抄自『自由時報』的「談情說愛」欄，無異上述那位中學生的暮鼓晨鐘，若一天到晚上想玩樂，遲早會讓自己變成廢物一個，那時懊悔莫及，境況可能很悲慘，因為自己種下「貪玩」的惡因在先，肯定將來嚐到「惡果」在後呀。

天下父母心，雖然泣天地、動鬼神，古今中外都一樣，每個兒女都是自己掌上明珠或寶貝，但教育他（她）成龍成鳳，實在需要大智慧。家境愈好愈需要它，否則，肯定會害了他（她）。

下則禪話是極佳的啟發，也是上述家長的好教材。

唐朝的裴休宰相，是一個很虔誠的佛教徒，他的兒子斐文德，年紀輕輕就中了狀元，皇帝封他為翰林，但是，裴休不希望兒子這麼早就飛黃騰達，少年仕進。因此，就把他送到寺院裏修行參學，並且要他先從苦工的水頭和火頭幹起。這位少年得意的翰林學士，天天在寺院裏挑水砍柴，弄得身心疲累，而又煩惱重重，心裏就不停地嘀咕，不時怨恨父親把他送到這樣深山古寺來做牛做馬，奈因父命難違，強自隱忍，像這樣心不甘情不願做了一段時間之後，終於忍耐不住，滿懷怨恨大發牢騷道：

「翰林擔水汗淋腰，和尚吃了怎能消？」

寺裏的住持無德禪師剛巧聽到，微微一笑，也吟了兩句詩回答道：

「老僧一炷香，能消萬劫糧。」

裴文德嚇一大跳，從此收來身心，苦勞作役。

（『星雲禪話』第四集）

我在尋思，這則公案的教育價值，完全等於儒者那段名言：「天將降大任於斯人也，必先苦其心志：勞其筋骨，餓其體膚，空乏其身。」青少年精力充沛，不知分寸，以後變好變壞，幾乎全看童年的家庭與學校教育。凡事慎之於始，別看卑賤作業的表現單調無聊，卻能磨勵人的意志、耐力和體力；猶如元帥，將官之流，威風凜凜，當年還不是從立正稍息等基本教練開始：行遠必自卑，若不珍惜年輕努力，才是真正「枉負少年郎」。

6・三界由心造　坦然過日子

當年我在台灣住在新竹縣竹東鎮，鄰居一位吳老師在竹東國中教英文，也任三年級某班導師，他三不五時嘆說，班上有一位學生很傷他腦筋，原來，那名學生六歲時患了小兒麻痺症，雙腿一直行動不方便，別說體育課不能像其他同學那樣生龍活虎、跳躍如兔，連走路都得靠拐杖，上下坡尤其辛苦。這一來，他有了嚴重的自卑感，經常向導師說一大堆悲觀的話，例如活著有何意義？身體健康的人尚且很難一帆風順，何況自己既有缺陷，又非富有家庭，別說成功立業沒有份，恐怕連三餐也會成問題，遑論幸福過一生？

總之，那位學生的境遇和殘障令人同情……。

我沒有統計資料，不敢亂說國內青少年的殘障人數有多少？依照常識判斷，不論天生或後天造成的身體殘障，包括眼、耳、鼻、四肢和身體某部份缺陷者應該不會多。憑心而論，他（她）們眼睜睜目睹別人身腳健全，行動自如，很難不會相形見絀，而保持平衡心態。這一來，日子就不好過了，除非他（她）們領悟佛教的智慧，徹底信受因緣法則，自己身體缺陷或殘障是在某種因緣下形成，與其詛罵它，不如坦然面對和接受，才不會起分別心與計較心，而這種功力就是因緣的智慧，佛陀的教導。

現代一位偉大的高僧——泰國籍阿姜查禪師一生很少離開森林生活，對自然界的微妙觀察非常透微，藉此啟發世人的愚昧。有一次，他看見一棵彎曲的樹，立刻開示徒眾說：

「我們修行的本質，是去觀察動機和審視心。你必須有智慧，不要去分別，如果他們不一樣，別煩惱，你會因為森林一棵彎曲的樹，高度和直度都與其他樹不同而懊惱嗎？那是很愚痴的！別去衡量他人，各式各樣的人都有，不需要去承受想要改變他們的重擔，如果想要改變任何事物，就去改變你的無知成為智慧吧！」

簡言之，就是勸人接受眼前的事實，那是各種因因緣緣使那樣樹彎曲，歲月已久，別想它會變直，跟其他樹木一樣，倘若執著這種想法，就是自己不對，自己傻瓜。同理，不幸殘障的青少年別讓心緒被現實所轉，苦樂或悲喜，全在一念之間，所謂「境由心生」，成佛成魔也全在自己一顆心境的變化，天堂地獄亦復如此，全在我們的心上。

星雲大師說得好：「我們的心，每天從天堂地獄不知來回多少次。」殘障的青少年倘若一直想不開，專往悲觀處想，鑽牛角尖，走死巷子，那跟下地獄有何差別呢？不如牢記黃龍悟新禪師一首偈：

「安禪不必須山水，滅卻心頭火自涼。」

意思很明顯，勸人不要老想不開、愁眉苦臉。須知個性開朗的人，不論在什麼地方，身邊都圍繞著一大群人，談笑風生、快活自在、受人歡迎，跟他談起話來，也會受用歡喜；反之，整天鬱鬱寡歡、表情沮喪、談吐悲觀的人，人人避之唯恐不及，害怕被他感染。這一來，不就更加孤獨，更加苦惱嗎？所謂「種惡因，得惡果」者也。

總之，他們的生活秘訣是：隨緣自在，隨處快活。

世人皆知美國有一位偉大教育家海倫凱勒女士，天生聾盲啞三種缺陷，可說是一位典型的殘障人士，她克服各種學習上的障礙，而得到令人讚嘆的成就。凡是看過她的照片的人，都發現她有一顆開朗、希望和熱情的心，所謂「臉上無瞋是供養」，可從她的表情上顯露無遺。

倘若她少女時代痛不欲生，早就沒有後來的不朽貢獻。記得證嚴法師說過一則

「心頭無事一床寬」的故事，非常值得殘障青少年的省思，讓我轉述於下。

一個死刑犯人，在行刑的前一天夜晚，不自覺地回憶起一生的種種際遇，不禁悲從中來，號啕大哭。

等他心境漸漸平靜之後，他閉起眼睛靜坐了。忽然一隻夜蠅停在他的臉上，癢的感覺，讓他不得不揮手驅趕夜蠅。

只一會兒工夫，夜蠅再度飛來，他忍不住起身追逐。這時候，他突然覺得這間單人牢房好大。

於是，他立刻停止追逐，趕緊提筆寫下：

「在一間單人房內，驅逐一隻小夜蠅，竟覺房子如此寬敞。」

一個即將被處死的人，還能保有這份心境去感受世界的寬廣，可說難能可貴。

總之，一味執著自己的缺陷，跳不出煩惱的框框，等於綁住那股往前衝的幹勁。最後才真正會喪在自卑下，哀莫大於心死，當如是也。

那天中央日報有一則大標題：「腦性痲痺生孫嘉梁當選建中模範生」，附帶簡短的副題：「第一名常勝軍，再創新紀錄」。原來這位建中二年級腦性痲痺生，以最高票當選全校模範生，有人問他有何感想時，只見他很「酷」地搖頭晃腦說：

「還是和平常一樣！」

據建中校長說，孫同學的基本生活技能沒有太大問題，而校方也以平常心的立場來輔導，彌補他「輸出能力」的不足，倒沒給他什麼特別優待。領獎那天，看他親自走到司令台上頒獎，雖然走路很吃力。但也跟其他受獎同學一起排隊，走上司令台……。

佛經上說：「三界由心造」，意謂歡喜、得意、哀傷和苦惱，全由自己的心任意營造出來的。同理，自卑也罷、自大也罷，絕望或傲慢也罷，還不是同一顆心的變現所致。奉勸青少年殘障者以「平常心」過生活，牢記虛堂禪師一句話：「年年是好年，日日是好日。」坦然面對人生，過著不自卑的日子。

例如，下則報載便是好典範：

美國太空中心工程師戴娜，應台灣截肢青少年輔健勵進會邀請，在師大特殊教育中心演講時說：

「我今天在這邊，就是要告訴大家，即使是像我這樣的人，也可以像常人一樣完成學業，正常工作，成為一個對社會有用的人……每個人活著就是為了成為有用的人，殘障者有權像常人一樣實踐自我。」

戴娜從來就不知道，自己為什麼生下來和常人不一樣，基於某種自卑與頑固，一直到十歲時，她都拒絕使用早已裝在身上的人工手臂，在醫師和父母的強迫下，才開始學習使用，並適應肢架。

後來她發現醫師和家人是對的，那對她的確有幫助。靠著人工手臂，戴娜在高中時學會了打鼓與鍵盤樂器，成為學校樂隊唯一的殘障成員；而且還學會了開車，一次就考上駕照，羡煞了跟她一起考試，考了好幾次都沒考上，四肢健全的一個小子。

藉由人工手臂，她在大學學習如何使用鍵盤，學習電腦。一路下來，她取得加州大學機械工程學士，在美國太空總署的經費協助下，轉赴舊金山取得復健工程科技碩士學位。

截肢青少年輔健勵進會理事長曾一士說，邀請戴娜來台灣，想要讓台灣民眾了解的不是美國的「制度」，而是「觀念」。

「觀念」即是自己的心意或念頭，有快樂的「念頭」，才有快樂的日子。

第三章　青少年的行為規範

1・侵犯無辜　卑劣透頂

以下兩案，非常可怕，而且幾乎如春筍般天天出現，有何對策，不妨一起思考。

㈠、一名十七歲少女，曾遭陳進興強暴，投書控訴陳嫌惡行，並哀痛自己生不如死，原本美好的前程瞬間消逝，現在唯一的願望，就是化為鬼魂跟著陳犯，並轉世成為男人，生生世世追殺他。信的最末署名「一個即將不久於人世的可憐女孩」。

㈡、四名未滿十八歲的青少年，在鐵工廠任臨時工維生，平日無所事事，即以姦淫少女為樂。今年春假，四名青少年中一人的女友，竟騙來國一同班同學，任四人在不到四個小時內，先後輪姦這名可憐少女八次之多，造成被害人身心嚴重受創，不但學業中斷，且幾度欲尋短見。被害人是家中獨生女，全家生活因而失序，連同過去的行為，四名少年犯被判了十七～二十年最重刑。

乍讀下，誰都會同情受害少女，而且會大罵暴徒沒有人性。對受害者來說，的確是很大的不幸，身心嚴重受創，不在話下。災禍既然已經發生了，而今最要緊的，莫過於怎樣療傷治痛那顆受創的心，而千萬不要過份執著那件悲哀的回憶。有時候，貞操也不妨看作觀念的問題，只要思想上轉一個彎，就容易跳出那個深淵，且婚姻幸福也不全然決定在那一點點肉體性的貞操，何況不得已的失身對於有情有義的大丈夫來說，也是可以被接受的，可以被理解的。

反過來說，自己也不妨理智檢討一下這件不幸的遭遇上有沒有犯什麼過錯？例如深夜隻身外出？獨自在家時有沒有關緊房門？或有人敲門，不加思索就應聲開門，讓暴徒趁機闖進來？自己會不會太輕率陪人出遊呢？諸如此類都會惹上大禍，平時豈可掉以輕心？

既然貞操是一種觀念問題，也就是自己心理的問題，而心也是禪修的主題，因為修禪學道，都想獲得一顆自在心，人的心既能成佛作祖，也會成魔作怪；同理，天堂地獄全在自己一念之間形成；被害少女身受如此創傷，內心感到奇恥大辱，生不如死。不妨誦讀『碧巖錄』一句禪話：「死中得活」，拿出禪者的魄力，大死一番，把所有計較心，羞辱心、憎恨心、受創心統統拋棄，掃盡心中一切陰霾，彷彿脫胎換骨，達到心無掛礙的自由境界。

道元禪師說：「須知薪住薪位法，有前有後，雖有前後，但前後際斷。」

意謂昨天是昨天，今天是今天，明天是明天，都是絕對的單獨存在，前後斷絕，即使昨天倒霉不斷，也不表示今天會如此，更不會持續到明天。美好的日子全靠自己的心意裁決，當下覺悟最重要。禪者常說：「過去，種種譬如昨日死，以後種種譬如今日生。」兩者禪意完全相通。

還有今天的東西文化早已日漸交流，西方人的貞操解釋漸漸取代中國傳統那種僵硬和極公平的主張，只要自己有一顆純潔、善良和開朗的心，照樣能享有幸福的婚姻，和未來的人生。而今暴徒也受到最重的刑罰，除了陳犯難逃死刑，其他少年犯完全嘗到應得的現世報，總算給自己出了一口怨氣。

如果相信佛法，芸芸眾生都有三世因果，所以，暴徒今世作奸犯科，死後仍然有果報。例如『大藏經』卷十三上說：「邪淫者死後會下地獄，如果投胎轉世為女人，會人盡可妻；如果再做男人，他的妻子也不會貞潔。」邪淫罪報尚且如此，強姦者的果報更會嚴格得難以想像了。

至於侵犯女性身體的少男們，依照佛教來說，無疑犯了很重的戒律，現在姑且不談他死後會有怎樣恐怖的苦報，光說現在法庭為了對治類似事件，就已傾向極重的罪刑了，千萬不要明知故犯，聽從原始慾望——性愛的驅使而肆無忌憚，須知自己有一顆非常高貴的成佛本性，即禪者所說：「自性清淨心，名如來藏心」。自己剛剛生下來，清淨無垢，人見人愛，都想來抱一下，而今有了性慾，只顧自己，便使那顆美好的本性變質，因不加約束、昇華和引導，才讓自己陷入無限苦惱中。誠如『禪源諸詮集部序』上說：

「眾生雖然本有佛性，而無始無明覆之不見，故輪迴生死。」

年輕男性應該靠自己努力拂去無知的塵妄，才能得到解脫，環顧人人都能順利克制，理性面對正常的男女關係，享受青春愉快的歲月，何以自己不能呢？有句老生常談：「舜何人耶，予何人耳，有為者亦若是。」但願藉此自勉，努力挖掘自己的佛性！同時要牢記「欺侮弱者非好漢」，不僅作賤自己，害了無辜女性，更凸顯自己無智無能、無恥和無德！嗚呼！哀哉！

最後，請讀『法句譬喻經』一則說話，大意如下：

某年，佛陀在祇園精舍說法時，有兩個年輕流浪漢，形影不離，臭味相投。他們共同商量，打算出家作沙門。於是一同來到佛陀的精舍；央求佛陀讓他們出家，佛陀答應了，便如他們的願望出了家當比丘。

他們共住一房，兩人還很懷念世間的恩愛榮樂，有時私下談論男女色情的事，念念不忘，因而抑鬱成疾了。

佛陀知道他們一直受制於女色，不能安心修道，便叫其中一人出來，自己再變成他的替身入房，問他的同伴說：「我們天天想念那些女人，不如今天我們一起去看個明白，光是空想有什麼用？」

果然，兩人到了淫女村，佛陀在村內又分身化作淫女，這兩人進到淫女的住處，便對那個淫女說：

「我們是修道的人，受過禁戒，不能與你同來，我們只想看看你的芳體，不會亂來的。」

於是，淫女便解下身上的瓔珞、香囊、衣服，裸體站在他們面前，不料，他們便聞到一股異臭。佛陀化身的沙門就告訴那位比丘說：「女人之美，只是靠脂粉塗香和衣裳，蓋住不潔之處，就如皮囊盛尿，有什麼值得貪戀呢？」

這一來，佛陀化身的比丘馬上作一道偈語說：

「欲我知汝本，欲以思想生；我不思想汝，則汝而不有。心可則為欲，何必獨五欲？速可絕五欲，是乃為勇力。無欲無所畏，恬惔無憂患，欲除使結解，是為長出淵。」

佛陀說完這首詩偈，便呈現光明瑞相。比丘一看，才慚愧悔過，五體投地向佛頂禮。佛陀再為他說法，讓他恍然大悟，證得阿羅漢果位。另一個比丘出外回來，且到同伴那樣歡喜的樣子，便問他原因，他就將剛才經過實話實說了，同時也作一首詩偈說：

「晝夜念嗜欲，意走不念休，見女欲污露，想滅則無憂。」

他的同修比丘聽了這首詩偈，也暗自省思，終於也斷了色慾，證得了一雙法眼。

當然，若要完全斷絕色慾，既不必要，也不可能，不是每個青少年都會去修道，但作相當程度的調伏，克制情慾肯定是必需的、應該的；否則，血氣方剛，見女色便亂了心性，豈非像禽獸一樣？自尊自愛才是每個青少年最起碼的修行。

2．新電子科技　牽動孩子心

美國報紙時常刊登：「少年愛飆網，父母管不住。」這是社會學家的呼籲，也是好意的警告。我想，這種情況存在所有工商社會，包括台灣在內，不分族裔、文化、信仰和地域，只要經濟繁榮的地方，都存在這個現實。

依照國內目前的經濟水準和政治開放程度而言，這一代青少年的生活比起我們那一代，在內容、方式和器物上顯得特別多彩多姿。

不說別的，光是新電子科技，就五花八門，而今有許多青少年擁有呼叫器、行動電話、答錄機，及收發電子郵件與線上聊天的電腦和帳戶。透過這些，他（她）們的活動空間變得更大。接觸人物、思想、觀念也更複雜，給予家長們帶來新的「管教」挑戰，而這是前所未有的。

在傳統的家庭管教方面，父母親早出晚歸，都去上班掙錢，出門前，會再三警惕正在發育期的十來歲孩子說：「好好在家做功課。」「外面壞人多，不要出去」，回到家發現孩子果然聽話，不敢外出一步。但是，這不意謂他（她）們沒跟外面接觸，也沒跟陌生人談話，因為上述各種電子科技可讓孩子跟太多外面的世界與人物通訊與聯絡了，那怕對方都是未曾見過面的匿名者或陌生客，照樣可以互通訊息，結成知己，而這是現代父母想也沒有想到的，遑論深入了解或干涉？

上述許多父母都要上班，縱使不是，留在家的母親也未必經常守在半大不大的兒女身邊，監視他（她）每時每刻做什麼。加上父母自己對日新月異的電腦科技「莫宰羊」或「一知半解」。這一來，孩子就能趁機，或忙裏偷閒對外尋求友誼了。但是，孩子們壓根兒想不到外面的危機會隨時戕害到自己，且父母也被蒙在鼓裏，甚至也忽略了。

不久前，美國報載一個不良份子傷害青少年的故事。原來，那個不良份子隨時化名，花言巧語在電腦網路上侵害幾個未成年少女。事發被逮補後，他良心發現，便勸告所有家長們說：「青少年在家裏無人監顧，也未必安全，因為網際網路是個非常危險的地方。」我想，國內情形也一樣，家長們不能掉以輕心，在家孩子照樣會出事，會接觸陌生人，尤其是大壞蛋……。

又有一個更惱人的問題是，所有青少年對這些新玩藝兒，很容易上癮而無法自拔。例如我鄰居的獨生子上高三那年，父母體諒他功課深重，沒空出外散心，就忍痛花一筆錢，買一部新型電腦回家，讓兒子不出門也可知天下事，誰知他兒子不玩猶可，一玩就入迷，迷得竟敢把作業丟在一邊，連睡覺也幾乎可以不要，結果功課退步了，真是未蒙其利，先受其害。雖說每個青少年對現代科技趨之若鶩，身為父母也未必束手無策，沒法可管，就任他（她）自生自滅。

方法是有的，就是把電腦放在客廳，別安置在他的書房。同時再三提醒它可能帶來的危險，儘量列出事實，不要籠統說明，或簡單幾句警告的吩咐。在此，順便摘要專家們的建議於下：

「絕對不可將自己的真實姓名洩露給對方，不妨用綽號或假名；不必回答有關個人、家庭的詳情，尤其別洩露家裏住址。」

當然，若要時刻監視，或分秒不離孩子的舉止是做不到，也不必要。偶爾探視，或暗中留心是絕對必要的。即使孩子功課不錯，玩電腦也有限制，不能除了它，就對別的娛樂與戶外運動都不管，讓滿腦子都裝著電玩，可就走火入魔，會鬧出另外的問題。

誠然各種新電子科技讓青少年的生活內容與價值觀，起了波瀾壯闊的改變。其間，應注意事項已如上述，若套用佛經的話說，正是『法句經』一首詩偈：

「不與惡友結交，不與下劣者結交；應與善人同伴，要與最善人同伴。」（七八）

儘管通訊原則如此，運用秘訣都有賴父母親從旁指點，偶爾要監控。再說這些玩藝兒均屬一種中性媒體，落在壞人手上，反而方便他們傳播邪知邪見，十足扮演反派角色，害到別人，給社會帶來負面影響，而青少年無法判知，肯定是首當其衝的受害人；反之，它也能散發各種新知，打破種類、文化、身份、職業和階級等不平等界限，互相溝通，海闊天空，不受拘束，也未嘗不是一種禪的理念。永嘉玄覺禪師說：

「行亦禪，坐亦禪，語默動靜體安然。」

別以為雙手操動。雙眼不停，默默無語，其實也含有禪機，有人渾身舒暢，閒適自在，不就是一種禪行嗎？

也別小看小小台電腦電玩，操作簡便，也有無數因因緣緣和合而成。它多少也能提供人們的精神資源與文化營養。但願青少年朋友操作娛樂之餘，也要懷著一份感恩和讚嘆，才會更成熟，更成長，和更有智慧。

3．善惡不分 後果可怕

『百喻經』有一則故事，不妨三讀後再三思，肯定會有些心得——

那年佛陀在舍衛國祇園精舍說，某國國王荒淫無道、好大喜功。一天，一個人批評國王罪大惡極，所作所為，毫無義理，政治也不上軌道。國王聽了十分震怒，他既不派人調查真相，反而聽信侍臣的誣陷，去責備一位賢臣，要人從他背脊刮取百兩肉。後來，國王知他無罪，後悔自己的過錯，就想以千兩肉來償還他的百兩肉。然而，他的痛苦絲毫不減，晝夜呻吟，備嚐苦楚。國王好生奇怪，就問侍臣怎麼回事：

「他為什麼這樣苦惱呢？我雖然挖了他百兩肉，但不是已償還他千兩肉了嗎？足足多出十倍，難道還不夠嗎？」

「大王啊！砍去孩子的頭，既使償還他一千個頭，他也是死定了，您雖然償還他十倍的肉，也不能醫好他被削肉的苦痛呀！」

乍讀下，這既是一則諷刺或笑話，但也是一則很好的暗示與啟發。例如胡作非為，明明人神共憤，有人肯直言勸諫，照理應該感激他，怎麼反而處罰他呢？這不是顛倒嗎？亂來嗎？是非不分，黑白錯亂，簡直豈有此理嘛！可惜，天下偏有這種人，幸好數量不太多，否則，豈非天下烏鴉一般黑，邪妄到處是，彷彿餓鬼界、活地獄。

前不久，國內發生一件震驚全球的白曉燕命案，其中一名兇犯陳進興最後以極熱鬧方式落網，儘管陳氏的惡名滿天下，臭事傳千里，連遠在美國加州的華僑界也受到相當衝擊。尤其，國內有一群社會學家、教育工作和心理醫生感慨、驚訝之餘，也做些深入研究。例如，國民黨台北市一位陳議員，為了瞭解青少年如何看待兇犯陳進興，便針對台北市十二所國中生進行抽樣調查，結果從一千多份有效問卷中，發現相當意外的答案。

那時，陳犯仍在法庭嚴厲審訊中，案情尚未完全水落石出，如眾所週知，八成左右的受訪學生都認為陳氏是十足大罪犯、心理變態，挾持人質極不應該，尤其在最後關頭還棄槍投降，未免貪生怕死。

以上意見都對陳犯罪行持譴責與憎惡態度，無疑是蠻正常與合理的價值傾向，儘管責備程度多少有些強弱差異，但也還不要緊，亦能彰顯一大群青少年正值叛逆期的不同看法。

最令人驚訝的是，調查結果顯示：仍有一成五的國中生，把陳犯看成「勇敢的人」或「好人」，甚至可以被原諒，那麼，這群青少年的偏差價值觀，就有進一層分析與反省的必要了。

在多次圍捕陳犯的失敗過程中，全省各種媒體，無不將資料非常詳盡報導出來，且明白指出他為私利而好勇鬥狠，也為滿足性慾強暴過許多善良婦女，甚至到處綁票威脅富商……反正有一連串的作奸犯科可讓全民共憤，算是一個標準大罪犯。然而有些青少年不認同，甚至視邪為正，好壞不分，而這跟上述故事的國王有何不同呢？若干偏差的價值觀，正是一部明顯的反面教材，可供許多教育工作者和社會學者好好警惕了。

又有一則報載的詳情如下：

桃園縣刑警隊在桃園市一處公用電話亭，逮捕兩名正聯絡被害女子交款的陳姓和李姓少年，兩人至少犯下五件賓館輪暴強盜案……。

兩名嫌犯為十九歲和十六歲，平時以缺錢為由騎機車在市區尋找下手對象，不久見黃姓女子開著進口轎車，即一路尾隨，到了偏僻地區，見四下無人持玩具槍闖入車內，以預藏膠帶矇住眼睛恐嚇不得喊叫，挾持到附近賓館輪暴得逞，洗劫身上財物勞力士錶、金筆、項鍊、證件等物，並強押被害人到銀行提領六萬元現金。

……據嫌犯指出，專挑開進口車的女人是因為其大多是被包養，或貞操觀念較淡女子，但受害者中事實上沒有一位是上班小姐，可見其價值觀念之偏差，每次犯案後沒有一點罪惡感，認為是對方太「招搖」會惹禍，此心態與陳進興強暴女子後，解釋「我有需要」的荒謬大致符合，抓了一個大魔頭，但還有多少小魔頭在滋生，或許這個社會真的病得太重。

八十年代初期，我曾替水牛出版社譯過一本『青少年與傳播影響』，依稀記得美國多位傳播學者研究和調查指出，若讓甲乙兩組青少年觀看暴力內容的電視節目，則發現乙組人員會受到極大影響，而表現出相當程度的暴力行為，甲組就不會了。後來發現乙組青少年都來自破裂、不和諧家庭。

若依照佛教的觀點，凡事有果必有因，乙組青少年的人格發展幾乎都淵源於幼年生活的環境——父母、兄弟、姊妹和鄰居玩伴等因緣，所以，從小就慢慢灌輸正不正的觀念，表現好不好的示範，無疑是決定小孩今後人格特質的重大關鍵，甚至能決定他（她）今後的人生走向。歸根究底，先有怎樣的幼年生活，便有怎樣的青年期人格特質，環環相扣，關係密切極了。

既然如此，那麼，青少年不正確或正邪顛倒的價值觀，便有太多來自童年期的父母的教養態度和方法了。

說真的，世人都有一種習性，凡事都先入為主，思想觀念等價值觀取向尤其不例外，有了錯誤見解在先，就等於有了惡因，以後遇到惡緣，即使是人人指責的反社會行為，都會對他（她）起重大作用，對他（她）十分投緣或契合，這一來，也容易使他（她）起而仿傚、學習，甚至當作英雄典範，因此，前述台北市國中生調查結果中，竟有一成半把人人憎恨的殺人兇手陳進興，看作「勇士」或「好人」，前後因緣大概是這樣形成的。

從教育心理說，青少年的可塑性很大，學習動機強，且潛力非常深厚，父母親和教育工作者對這批價值觀混淆，甚至無法分辨正邪，既愚昧又可憫的青少年，在教化上要格外費心。冰凍三尺，非一日之寒，他（她）們長期間受制於惡因惡緣，層層包圍，除了極少數能夠像蓮花般出污泥而不染，否則，都得靠許多良師益友在適當情況，不能猶豫，開門見山，當下點破，才能讓他（她）們覺悟前非，整個觀念倒轉過來，就像脫胎換骨，成了有正知正見的可愛青少年。

例如『舊雜譬喻經』有一則「昨非今是」的開悟故事，心裏迷妄一除，有了正確觀念，才不會走錯路，以後才有幸福。

某年，佛陀在王舍城靈鷲山說法：有個行者在山裏修行，可惜，周圍潛伏許多毒蛇。行者很怕毒蛇，乃在樹下搭設一座高床，以便打坐。不過，他對毒蛇始終不放心。故睡得很不安，甚至輾轉難眠。一天，天人在天上看他這個樣子，便想用方便善巧啟發他。果然，天人很慈悲地整個晚上不停地警告行者說：

「喂！毒蛇來了！」

行者每次聽見，無不驚心，拿起燈火，四處查看也都沒有毒蛇的影子。話雖如此，天人仍然反覆說毒蛇來了。日子一久，行者對毒蛇也就不在意。但心裏怒不可遏：

「怎麼天人也在撒謊？毒蛇卻連影子也不見？」

誰知天人反唇相譏，說道：「你怎麼不看看心中的毒蛇呢？你全身潛伏著四條蛇，如果不除掉牠，一味注意外面，你想這樣能修行嗎？」

行者始知心裏的迷妄毒蛇，必須先消除才能向佛道精進。

同理，青少年的觀念思想不正確，就像戴上一幅凹凸顛倒的眼鏡看東西，左盼右顧，或放眼看去，明顯直立的東西，也是倒立形象；所以，若要端正影像，就非先矯正鏡片不可。

那麼，若要矯正青少年錯亂，迷糊的價值觀，培養他（她）們正確與高明的判別能力，還是上面那句老話，家長們從小開始以身示法，教以正知正見，便可奠定青少年時期的思考方向，有道是：「好的開始是成功的一半。」只要青少年期確立懂是非、明因果的睿智人生觀，那他（她）一輩子可以受用無窮。

最後，敬祈家長和青少年朋友一起信受下首詩偈：

「治水者疏導水，矢人矯正箭，木工調整木，智者制御自身。」（『法句經』八十）

4・小時了了　大未必佳

洛杉磯時報有一則影視新聞，本人不勝唏噓，大意說好萊塢的幾位童星在年紀小時已名成利就，應該比其他兒童及少年更易走上成就之路，不過他們仍不免淪為問題青少年。總論是：「小時了了，大未必佳」的最好證明。例如：

(1)黑人童星加利高曼在 **Different Stroke** 電視劇中走紅，到了二十三歲便有嚴重的健康問題，而不能再從事演藝事業，結果成了避世隱居的閒人。

(2)在同一劇集中，演大哥的脫布烈，現年二十五歲，因私藏武器與毒品被捕，又因開槍罪名而入獄九個月。

(3)在上述劇集以女童星馳名的丹娜，在十六歲時已懷孕，又因行劫罪入獄，後為「花花公子」拍裸照。

(4)在「怪物家庭」扮演小人狼的特力克，在三十七歲那年因行竊車輛被捕，之前早有吸毒入獄的紀錄了。

(5)曾在「八個夠晒數」中飾演童角馳名的阿當烈，二十二歲便入戒毒所接受治療，出來不久又被控爆炸一家藥廠而被捕。

(6)六歲便成「愛登士家庭」童星的麗沙，年僅三十三歲，便先後結婚三次，之後行竊一家百貨公司的珠寶被捕。

(7)少年明星哥利費德曼年僅十九歲，因為「忍者龜」配音而成名，不料到了二十歲因吸食海洛因而二度入獄。

(8)「柏德治家庭」裏的童星丹尼邦拿勒斯，以演出純真可愛成名，在三十歲時因毆打及搶劫一名男妓而被捕……。

乍讀下，我不禁想起「生於憂患，死於安樂」的古訓，年紀輕輕就嚐到成功的果實，難免得意忘形，急於享受五慾——眼耳鼻舌身——快樂，而停頓下來，再也懶得動了。換句話說，他們已經失去再接再勵的鬥志，完全滿足眼前的一切。證明「少年得志大不幸」，果然是真理。

若要追究責任，首先是父母親責無旁貸，其次才是孩子自己，例如為人父母，為什麼在兒女初出茅蘆，昧於世事之際，不多灌輸成功的真正意義呢？不教導樂極生悲的道理呢？例如『法句經』上說：

「住在不清淨的現實見為不清淨，善能防護種種感覺器官，飲食知定量。有信心、勤勉、不受惡魔所制伏，如風不能搖撼山岳。」（八）

「不耽溺放逸，不嗜逐慾樂；思念不放逸的人，能獲得大安樂。」（二十七）

這就是最好的生活教材和人生智慧。

記憶裏，台灣某家文教基金會，有一年甄選全省大學物理系一名資優生，結果由新竹縣一位農家子弟獲得，記者登門道賀之餘，也想向家長採訪消息，不料，他的父親反而一再央求記者不要刊登太多誇獎的話，以免孩子太早嚐到成功的喜悅，而養成傲慢心，對前途造成負面影響。

讀到這裏，讓我慚愧得無地自容，非常敬佩那位慈祥的父親，竟有如此不平凡的睿智與遠見，若是一般平凡的父母親，肯定在喜出望外之餘，忍不住娓娓道出自己的孩子有多乖、有多棒，拚命加油添醋一番，惟恐別人不知自己兒子得了首屈一指的狀元郎，可惜，這一來很可能會害兒子種下傲慢的惡因，從此失去百尺竿頭、更上一步的壯志雄心。

美國人平時常說：「『成功』有許多父母，但『失敗』卻是個孤兒。」這句話足以媲美日本人的口頭禪：「從勝利中，我們學得的少；從失敗中，學得的多。」

其實，兩者是二而一，一而二，都在強調「挫折教育」在人生的重要性，可惜，天下父母親根本低估它，忘記「自大」只會開花，而不會結果的教訓，誠如菲律賓人所說：「水牛背上的蒼蠅以為自己長得比水牛高。」年紀輕輕就存有這個念頭，完全罪在父母和學校的師長……。

學佛的人耳熟能詳佛陀座下有一位「智慧第一」的舍利弗，八歲時不僅飽讀當時艱深的十八部經典，也完全理解它的內容精髓。最膾炙人口的故事是，他八歲就能攀登高座，滔滔不絕駁倒當時著名的辯論師，讓國王喜不自勝之餘，便送一個村落給他，結果使附近十六個大國和六大城市都派人來向他道賀，尤其，最讓人讚嘆的是，他不會因為少年得志，就不再繼續努力；反之，他到處探訪名師，追求真理，最後才偕同好友目犍連投奔佛陀，成就最殊勝的佛果。

還有一位佛教大德鳩摩羅什也是一位罕見的天才。七歲便能誦讀經書，每天誦偈千首，每偈三十二個字，共計三萬兩千言。只要師父淺釋旨義，他馬上就理解無礙，展現非凡的才華。九歲被罽賓王迎入王宮，跟外道辯論師一較長短，只要他一開口說話，就讓對方啞口無言，心服口服。十二歲時，各國爭相以重禮聘請他，他都不為所動。雖然，他年幼就能得到豐富的供養，但他不停地猛讀所有外道的經典。例如『韋陀舍多論』、『四韋陀典』、『五明諸論』等書外，也熟悉陰陽星算，學問十分淵博。二十歲在王宮受戒，跟隨名師學習『十誦律』、『放光經』、『德女問經』，領悟大乘教理後，反讓昔日的師父大嘆不如，改稱他為大乘師，真是「菁出於藍，冰冷於水」的最好範例。

後來，鳩摩羅什果然不負眾望，優厚的待遇和舒服的環境沒有腐蝕他那旺盛的進取心，豐富的學識不但風靡西域各國，每逢他說法講經，連諸王都來坐在他旁邊，惟恐聽不到他的法語。不久，他來到中國也受到器重，譯出不少經典，名滿天下，徒眾多達三千人，對佛法東傳的貢獻不可勝計。

少年得志固然很可喜，到底少不更事，容易自滿，也愛在原地踏步，不知世間成功的因緣靠天時、地利與人和之外，還要靠自己珍惜機會，若昧於惜福情緣的佛教智慧，顯然是在家父母和學校師長教誨無方所致……。

我在想，權位會使人腐化，同樣地，功名富貴也會使人墮落，俗話說「飽暖思淫慾」，當如是也。尤其，小時候糊里糊塗，不斷聽到喝彩和掌聲，誤解成就那麼容易獲得，對於漫長的一輩子來說，禍害無窮。

奉勸天下父母別看到兒女在校成績名列前茅，或年輕時工作稍有表現，就忘了警告他（她）們，要以更大的信心和衝勁面對更大挑戰，剛踏出順利一小步，不等於人生最後的勝利呀！須知被寵壞的孩子以後很難教誨哩！

『滋濟心燈』有句話：「逆境如磨玉之石，能使璞玉發光。」接著，證嚴法師講了一則「十四歲少年的弘願」，讓我引述出來做本文的結論。

二次世界大戰前，日本有一位十四歲的少年，名叫金次郎。

一天，他在街上遇到一位托缽和尚在誦經，他聽了非常感動，就恭敬地向那師父說：「請問您誦什麼經？」

那位和尚告訴他是『觀音經』。金次郎很恭敬地請和尚再誦一遍。他聽完後，就馬上在和尚面前立下弘願，說道：「從今天起，我要終身效法觀音行，在人生旅程遇到任何困難，都要堅持觀音的慈悲為我處世的中心，用智慧做行動的力量……。」

和尚聽了十分驚嘆和敬佩，並由衷地祝福他。

金次郎離開了和尚，就來到附近一家壇那寺，寺後有他祖先的墳地，他經過寺院來到祖墳前跪拜，口中念念有詞，但不知他念些什麼。

寺院住持目睹這個小孩的舉動，十分好奇。又看他走到寺內觀音菩薩座前禮拜，默禱一段頗長時間，才轉身看到住持和尚。他向住持說：「師父，我今天發了一個願，請師父替我作證。」

接著，就把經過說給住持聽，並請他注意自己往後的日子是否依願行事。

住持和尚聽了很感動，讚嘆他說：「我修行這麼久，從未發現十四歲的小孩，只聽兩遍『觀音經』就有所感悟，更難得你又來請三寶證明。能效法觀世音菩薩的精神，就是依『法』行事。又來菩薩面前發願，就是請佛作證，現在還請師『僧』作監視。這的確是難能可貴的弘願呀！」

住持和尚好喜歡他，想收他做徒弟，要傳授他道法，並示意他以後繼任住持權職。但被金次郎婉拒了，他說：

「此時不是我得到名利的時候，若此刻就有名有利，以後我如何實現我的願力呢？不過，現在我可以做您的在家弟子。」

就這樣皈依了三寶，成為一位正信佛教徒。

不久，他母親逝世了，接著，大火燒毀了他家；水災沖壞了他們的產業。關東地區大片良田、房舍全都付諸流水。在諸多打擊下，他更悟解世間多災多難，人生要經千垂百煉才能成就菩薩堅忍的精神，於是，他無怨地接受了。

他勇敢地站起來，重建家園，先把砂石和漂流物搬走，又翻開土壤，重新下種。他的堅強毅力和艱辛勞作，感動全村村民，大家都來響應他重建家園。三年後，關東地區又恢復了良田美景。

後來，日本政府在第二次世界大戰後，國民沮喪之餘，就用金次郎重整家園的故事，來鼓舞全民士氣，他們說：「一個十四歲的少年能重振家園，為何全國人民不能效法他呢？」

故事的最大啟示是，年僅十四歲就有智慧向「名利」說「不」，之後寧願吃苦受難，也要效法觀音精神，貫徹始終才值得敬佩，可說青少年最好的範楷。

5・自然交往　普通友情

國內某家婦女雜誌曾經披露下列的讀者投書：

㈠、某天早晨搭公車上學，幸好乘客還不多，我才一坐定，突見一個揹著成功中學大書包的男生，遞一封信給我，我一時愣住了，不知所措，之後，馬上把信還給他，而他也埋怨地瞪我幾眼，到了下一站，雖然不到他的學校，但見他匆匆下了車，我卻開始懊悔，很過意不去……從此再也沒碰過他，但心裏仍很想見到他……。」

㈡、近來，我因為班上事情常去教務處而認識隔壁班一位男生，雙方有些公事必須商量，不久，有了來往和感情，他對我非常關心，我卻對他愛理不理，不是真的不喜歡他，而是要保持一個少女最起碼的矜持，誰知他以為我拒絕他，就漸漸對我冷淡起來，甚至見了面也不點頭，弄巧成拙，害好我懊悔，好傷心喔……。」

㈢、去年我認識了一位高中女孩，第一眼看到她就喜歡了，之後，我想出許多辦法才接近到她。起初，我們蠻談得來，看她好像也喜歡我的樣子，那段日子我過得很快樂，可是好景不常，近來不知何故，她不但藉故冷淡了我，還硬著心腸說：「以後不要再找我了。」我當然很傷心，同時，我也有自尊。天下漂亮女孩子多得是，所謂「天涯何處無芳草」，難道憑我堂堂七尺之軀，功課又棒得很。會找不到像她一樣的女孩嗎？但是，想歸想，我一時沒見到她也真難過，不知該怎麼恢復舊情才好？」

總之，類似上述少男少女的感情糾葛，所牽引出一連串的傷神與憂愁，簡直數不完、說不清，無所謂誰對誰錯，都是傳統家庭一向漠視兩性教育所造成的後遺症。

自古以來，儘管中國人常說「陰陽調和，異性相吸」。主張男大當婚，女大當嫁，卻也非常缺乏健全、理性的兩性教育，例如古代男女授受不親的禮教，實在不近情理，有夠愚昧，影響所及，使許多家長至今仍然或多或少嚴格規定青少年兒女的感情生活，才讓他（她）到了思春期如此笨拙，完全不懂異性交往的藝術及技巧，真是說不過去。再說古代有過無數佳人才子，礙於這套殘酷、反自然的禮教權威，不能享受正常的來往與溝通，即使到了婚嫁年齡，也只能婚後才有正式的談情說愛，婚前甚至還看不到對方的面孔或說過一句話，難怪許多傳統小說描述，男少女一見傾心，只要旁邊無人，就會迫不及待擁抱上床，急著享受男歡女愛，其間可說間不容髮，根本不懂用語言很技巧地表達愛情。

換句話說：雙方只知性慾不會談情，而這全由於傳統社會缺乏正常與成熟的兩性教育所致使。

說來可憐，幾乎有太多現代家庭仍舊對青少年兒女的兩性教育缺乏進步與正確的認識，受制於僵化的禮教，開口閉口訓示：「功課重要，別花時間去交男（女）朋友。」這一來，害得不知多少青少年朋友一見到喜歡的異性，立刻心胸忐忑亂跳，臉色緊張不自然，甚至連說話都會口吃，上氣不接下氣的好笑場面……說真的，這是不對的、落伍的，若不會當機立斷處理，或很圓滿、很自然去面對，肯定事後會有相思之苦，身心遭受極大的煎熬，歡喜帶來苦惱，好事轉變成壞事，不知話從何說起呢？

既然兩人見面歡喜，雙方就做個朋友，建立更成熟的友誼，增進更多了解，有什麼不對？何況，要相互明白對方的思想、觀念、智能、心態和品行等，也非一天兩天能夠熟悉，不像外表高矮、胖瘦、美醜那麼單純，可以一目瞭然：若青少年時代沒有這種訓練和培養，將來恐怕也難成就更圓滿或美好的兩性智慧，遑論夫妻相處之道。

還有雙方交往過程裏，無須暗中摸索或保持什麼秘密，只有大方談吐、禮尚往來，才能得到真正了解。尤其，在自己心智與社會經驗尚未成熟的時候，多聽長輩、親友及家長的意見，絕對是應該的；否則，一味一廂情願，迅速陷入「非君不嫁、非卿不娶」的死巷裏，反而不妙和不智。感情不同於性慾，後者是一切動物的基本慾望，非常原始、衝動，只止於發洩的滿足，而前者才是「人之異於禽獸者，幾稀」的那個部份。非常珍貴和殊勝，同時可以昇華、轉化和培養，而青少年時兩性的認知，應該放在這方面才對，請牢記『法句經』上說：

「為愛慾驅逐的人，如兔馳迴於羅網，將為束縛和執著所纏，長時間一再受苦惱。」

據我所知，美國青少年在公開互動過程裏，雖然太過放蕩，幾乎到了縱情肆慾的自由程度，絕對不正確，亦非好現象，但他（她）從小開始，跟異性來往大方又自然，只要家長或長輩肯從旁協助，諄諄指點，給予婉轉的勸告，他（她）們會很快駕輕就熟、進退自如，而極少會因為稍有挫折或不如意，就苦惱萬狀、暗中落淚；縱使彼此不能再交往下去，也不致又怨又恨，刻骨銘心一輩子。所謂不能結成夫妻，也還是普通朋友，歡喜認識、高興拜拜、兩不相欠、誰也不怪誰，才是良性和健康的兩性教育的結局。

有一則「枯木寒巖」的禪話蠻有意思，它有一個動人的故事，值得思春期的青少年一讀再讀，頗有啟示作用。

有一個清僧，生活非常清苦，情慾當然清淡。因此，崇拜他的人很多，其中一個老太婆對他尤其熱心，二十幾年一直供養這位清僧。

然而，這位老太婆的供養方式很別緻，她挑選一名美貌少女隨時伺候清僧，負責替他燒飯、洗衣。但是，看在清僧眼裏，彷彿貓兒看見金幣一樣，根本不在乎。這樣過了二十年，老太婆便忍不住勸告那位美貌少女，何妨對清僧表現一些動作。

少女聽了勸告，果然向清僧開始展現女人的媚態，不斷撒嬌地對他說：「好不好嘛！」不料，清僧一反常情，心平氣和地說：「枯木寒巖倚，三冬無暖氣。」

三冬指孟冬，仲冬、季冬，代表冬天三個月份。在寒冬三個月中，枯木顯然沒有溫暖活絡的氣息，意謂清僧的情意非常淡漠，對美女當前亦毫不動心……。

少男少女相處固然不必如此絕情，但起心動念要有節制、有理性，別動不動多愁善感或兒女情長，否則肯定會自討苦吃，相見歡喜分手難，那又何必呢？

6·脫離幫派 多方合作

現有一則新聞摘要，非常耐人尋味：

一位吳姓少年被檢方以五項刑事罪名起訴，檢方也強調犯罪證據確鑿，才會以成人罪審理。究竟事情真相如何？只有當事人心中明白。

坐在法庭旁聽席的吳姓少年的母親，用顫抖的手翻著兒子小時候的照片，一個眉清目秀、活潑可愛的小男孩，拿著小提琴，學著鞠躬的樣子，也看小男孩在遊樂場裏，天真地和姊姊玩耍……看到過往種種，吳母傷心落淚地說：「監獄不可怕，作了壞事還要保出來，才是可恥。」然而望著孩子的照片，想起過世的先生，她說現在只有這些照片陪伴著她。據警方說：「吳姓少年涉及幫派。」

……

家裏一直有鋼琴、小提琴的吳姓少年，涉及幫派坐牢，害得寡母如此傷心，到底怎麼回事呢？頗讓讀者不解。

關於青少年加入幫派的原因，主要有自衛、預防被欺侮、互相照顧、聯絡感情、好奇、出風頭……等，表面上，好像出在外界的原因，其實，家庭管教方式欠當也是不能忽視的因素。當然，個人因緣不盡相同，對治方案也不能一概而論。基本上，孩子本身不會壞，在尚未犯罪階段時，的確要費很多耐心、努力去設計一套特殊教導法，而不能動輒抓去坐牢或管訓。青少年幫派問題在美國大都市也很猖獗，警方和教育工作者煞費苦心，設計各種對治法。

例如下面有一套別出心裁的方式，值得國內專門機構參考——

在「幸福無量」商店裏，貨架上擺滿了小吃盒、巧克力、圓領衫、手製的賀卡以及其他禮品。

這些商品並沒有特別之處，不同尋常的是出售商品的人。因為他們都是有問題的青少年，或來自窮困家庭的孩子。

今年才開業的這家禮品店是由格蘭岱市的「我們關切青少年」這個機構經營。這是一個不以營利為宗旨，為可能誤入歧途的青少年提供就業訓練的團體。

十六歲的寶琳說，在這家商店工作使她找到人生的新方向。這名高中一年級的學生說，幾個月前，她還在和一群遊手好閒的伙伴鬼混。現在，學會生產、銷售和市場推廣的基本知識以後，她計劃在大學主修商業。她說，在五個月內她學到很多東西，她簡直可以教別人了。

這家機構的創辦人麥斯威說，我們教導這裏的青少年儘其所能，做到零缺點。她說，這是一所傳授高深工作技術和真正自我開發的實驗室，而且只有以個人的完整人格來估計它的成就。

創立於一九九一年的這家店，提供基本的就業技術，如填寫履歷、面談、表現、顧客服務以及溝通等。這項計劃也針對成長中青少年的自尊和責任感加以輔導。

它也推介許多青少年到別家商店就業，因為這好像一個業已成功的計劃的自然延伸。

十五歲的凱薩格說，在這裡打工讓她學會了管理、簿記、電腦技術，尤其使她建立信心，將來可以選擇理想的職業。她說，這裏學到了很多別處學不到的技能……。

從社會學的觀點說，幫派也是另一類社會組織。幫有幫規，派有派律，十分有組織，而不是一盤散沙或烏合之眾。這群青少年精力充沛，體格健壯，也滿腔熱忱，嚮往某種理想生活，即使他們不被正常人所認同或肯定，但是，他們可以得到滿足感與參與感，並且如痴如狂。所以，對待他們必須採取特殊的心理教育法：

在這方面，我倒覺得園頭禪師有一段「育材之道」，頗有啟發意義。詳情如下：（摘自『星雲禪話』第三集）。

有一天，某位信徒在佛殿禮好佛後，順便來到花園散步，剛巧碰到園頭（負責園藝的僧人）埋首在整理花草，只見他一把剪刀在手中此起彼落，將枝葉剪去，或將花草連根拔起，移植另一盆中，或對一些枯枝，澆水施肥，給予特別照顧。信徒疑惑問道：

「園頭禪師！照顧花草時，你為什麼剪去好的枝葉？枯的枝幹反而澆水施肥，而且從這一盆搬到另一盆中，沒有植物的土地，何必鋤來鋤去？有必要這樣麻煩嗎？」

園頭禪師道：「照顧花草。和教育你的子弟一樣，人要怎麼教育、花草也是。」

信徒聽後，不以為然道：「花草樹木，怎麼和人相比呢？」

園頭禪師頭也不抬的說道：「照顧花草。第一：對那些看似繁茂，卻生長錯亂，不合規矩的花，一定要去其枝蔓，摘其雜葉，免得它們浪費養份，將來才能發育良好；就像收斂年輕人的氣燄，去其惡習，使其納入正軌一樣。第二：將花連根拔起植入另一盆中，目的是使植物離開貧瘠，接觸沃壤；就像使年輕人離開不良環境，到另外的地方接觸良師益友，求取更高的學問一般。第三：特別澆以枯枝，實在是因為那些植物的枯枝看來已死，其中卻蘊有無限生機；不要以為不良子弟，都是不可救藥，對他悔心放棄，要知道人性本善，只要悉心愛護照顧得法，終能使其重生。第四：鬆動曠土，實因泥土中更有種子等待發芽。就如那些貧苦而有心向上的學生，助其一臂之力，使他們有新機成長茁壯！」

信徒聽了喜不自勝地說道：「謝謝禪師替我上了一課育材的道理。」

乍看下，其中第二和第三項無疑是對治那些「鬼混」青少年的原則，慈悲為本，威武也能當作方便善巧。恩威並用使他徹底悔悟，彷彿修行一樣，不悟就不成道了。青少年幫派已經成了台灣嚴重的社會問題，不能單靠警察單位依法嚴辦，還需大力仰賴家庭、學校和社會的合作，尤其，個人的努力也不能少，俗話說「人在江湖，身不由己」，現在的槍枝武器買賣不難，更助長青少年幫派的恐怖……。

禪修者耳熟能詳臨濟和德山兩位禪師，他們分別用喝、棒來啟發弟子。因逢弟子努力修行、衝牆撞壁，希求突破。單憑一人之力，牆壁撞不破。在此關鍵時刻，若蒙老師猛然一喝，石破天驚，雲霧頓開。若已加入幫派的青少年，也盼家長、學校給予類似的助力，方能破繭而出。

最後，請看一位「浪子回頭金不換」的例證，他是「獨悟」的典範，值得擊掌，值得讚嘆！

我的名字叫吳阿甲，台南市人，生性外向好動，很不愛讀書，我總覺得讀書浪費時間，反正不必讀書也能賺大錢、做大事，何必跟自己過不去呢！不幸我讀國一時就染上了抽煙、打架和喝酒等惡習，勉強讀到畢業，一到社會就正式參加幫派組織，整天不是殺人就是被追殺或亡命；在亡命生活中，敵人時刻都在注意我，迫使我每分每秒都要回頭張望，惟恐有人隨時來索取我的命或將被警察捉去坐牢。說真的，我實在厭倦了被人追殺或去報仇。每次走出家門，家人和自己都不能預料是否會活著回來？家人買一套防彈衣給我當生日禮物，希望我能活到下個生日。

有一次，我不幸被敵人包圍了，雙方展開激烈槍戰，情況非常危急，害我在三丈的距離內被射殺五次，幸好都存活下來，但也從此被警察捉進牢裏，那年我剛滿十八歲，卻已經殺傷過三個幫派份子。

在牢裏，我才感到生活的悽慘和黑暗，年輕力壯就已經沒有前途，之後也要跟正常人所謂成功、家庭、快樂等永遠分開了。擺在眼前的只剩下死亡，和無休止的哀傷。環視左右的囚犯身上，也流露同樣的心聲。這時候，我面對前途的絕望不死心。我可不想這樣活著，尤其不想讓子彈穿過腦袋，在人生留下完全空白和無意義。

反正一切都做了，亦無法挽回。在牢裏，我有許多時間思索，想想自己的行為，自己的生命和自己的前途。一天，我忽然靈光一閃，便下決心要改變自己的命運，開始認真學佛、修禪和打坐了。

這時候，我下苦功要考高中同等學歷，務必讓自己活出意義來。此時此刻沒人能幫助我，一切靠自己。每天早晨只要天亮，室內能看見東西，我就起來猛讀，過程雖然辛苦，但內心居然湧出一種讀書的喜悅。

由於以前一看到書本就厭憎，而今只要有讀書的空閒，我幾乎手不釋卷，尤其不再有自暴自棄和讀書無異浪費時間的錯誤觀念。日子一天一天過去，我的心境卻也一天天有著希望，感覺有一些意義。大約經過一年半的苦讀，總算有了代價，我終於高分通過了高中同等學歷考試，簡直是我十多年來最值得驕傲的日子。讓我也看見了光明，只要我能活著出去，我敢保證會以另一個不同的吳阿甲活躍於社會，打從心底要服務人群，做一個改過向善的榜樣……。

第四章

青少年的新人生觀

1・生命智慧　圓滿答案

下面兩則報載讓人同情，但有辦法對治。第一則如下：

我覺得學校生活呆板、功課枯燥，上課經常胡思亂想，不知人生何去何從？活著有什麼意義？難道除了小學、中學、高中、工作、賺錢、結婚和傳宗接代以外，沒有其他值得追尋的嗎？每天忙碌三餐，也為事業和家庭操勞，這樣能活出什麼興趣來呢？我不願渾渾噩噩渡過這一生，希望老師回答我：人生活下去的意義和價值，總不會像其他動物一樣莫名其妙吃喝拉撒和睡覺，否則，也不叫「萬物之靈」但是，我的確不明白一天過一天有何意思……。

第二則報載：「三名國中女生結伴投河　兩人溺死」，詳情如下——

嘉義市三名國中女生相偕跳蘭潭自殺，林姓及吳姓女生溺死，另一位莊姓女生則爬上岸獲救。惟一生還的她在偵查庭向檢查官說：「由於生活沒有安全感，才想自殺。」……由於平日大家就有輕生念頭，三人決定以手牽手，一步步走向潭中自殺……三人在國小是同班同學，感情相當好，莊姓女生透露，自己萌生輕生念頭是在國小畢業前，原因是，自小父母離婚，她和父親、奶奶、姐姐同住在一起，父親因工作關係常常不在家，晚上也常到朋友家中泡茶，奶奶管她很嚴，她只要一晚回家就會挨罵，時常感到家裏不溫暖……。

我讀了怦然心動，回憶自己當年上中學也曾多愁善感，對人生問題十分迷惑，雖然經常在圖書館讀遍許多文藝、哲學等書，表面上吸收了豐富的常識，反而對人生更感徬徨、幻想和懷疑，然而，那些又不能從教科書上得到解答，苦悶之餘，率性地發表在週記上，迫使導師不得不在每週一次的班會上，若隱若顯向大家講解。其實，當年也非每位同學對這有刻骨銘心的感受，只限於少數思想比較發達，平時愛讀課外書的人……驀然回首，那些老問題依舊蕩漾在我許多年後的腦海裏，誰也不曾給我圓滿的解答。勿寧說，各說各話、見仁見智，其間，我雖然已經結婚成家，忙於生活和事業，但也沒有停頓這些疑惑的思索，幸好在一次殊勝因緣裏，才從佛教智慧中找到究竟圓滿的答案，而今我不願藏私，非常樂意坦述出來，跟所有青少年朋友分享，而那就是上面兩則報載的答案，也是所有多愁善感的青少年們的最好指引。

每個人從小學生開始，便會在作文簿上描寫「我的志願」，竭盡所能編造或幻想美麗的前景，不論人云亦云或道聽塗說，通通拿來當作自己的憧憬。我想，那也是自己活下去的意義和努力的目標了。當然，後來有許多改變，事實上沒有幾個人能如願以償，貫徹始終，但可以肯定地說，人要為希望而活，為理想努力，而不純粹為了填飽肚子和傳宗接代。希望有多種、理想有遠近，但每天生活都不會離開它，不會亦不能行屍走肉或糊里糊塗在鬼混……。

俗話說：「人生像演戲，世間像舞台，每個人都要在舞台上扮演一個角色，不管你喜歡不喜歡，都不能不演下去。」這是人生的最佳譬喻和詮釋了。那麼，一個人要扮演什麼角色呢？那得看自己的因緣了。包括家庭背景，個人興趣和能力等多種條件，綜合評估後，再決定自己該演的角色。

誠如佛陀所說：「自己為自己所依據。他人怎可為所依？自己能制御自己，是獲得了難得的所依。」（『法句經』一六〇）

有人想當教師，扮演傳道、授業的角色，就該往師範學院去深造；有人想做醫生或護士，就準備去醫學院和護理學校就讀；有人覺得自己讀書深造的因緣不俱足，不是塊讀書料子，那也不要緊，反正條條大路通羅馬，行行可以出狀元，世間許多行業不一定需要很高的學歷，只要學得一技之長，也照樣能扮演一個好角色，以後生活無憂慮；不管在那個舞台，本地或外地，本國或外國；不論扮演什麼角色，士農工商任何一行都好，一定要牢記一項為人處世的大原則——種善因得善果，種惡因得惡果——如佛陀所說：「自身作惡，自身污穢；自身不作惡，自身清淨。清淨不清淨由自己，人不能為他人清淨。」（『法句經』一六五）

這不是佛教的教條，而是世間萬事萬物的真理，例如美國是個基督教國家，也是科技進步的社會，但是他們小學四年級一本教科書就叫做「因果」，深入淺出解說世間一切不離原因與結果，也就是上述佛陀的教誡的旨趣。

總之，因果報應不是宗教的東西，而是超族群、超文化、超國界的生活寶典。若要做生意，除了不能違法做奸商，還要選在那個舞台？那一類生意？

今天交通四通八達，沒有地區界與國界；生意種類繁多，都要認真學習，在在要看自己各方面的因緣。所謂「無因、無緣不成果。」意謂自己缺乏充份條件，什麼事也做不成。經商致富很不錯，有了錢懂得用，才算有智慧，倘若賺了錢，一味滿足個人的五官享樂，不知回饋，就沒有種善因，結善緣。這時候，不妨信受『法句經』下首詩偈：

「自己作的罪惡，由自己生、自己發起，如罪惡壞愚人、毀金剛破碎寶石。」

（一六一）

佛教主張三世因果，人生有前世、現世和來世，所謂「欲知前世事，今生受者是；欲知來世事，今生做者是。」可見生命是輪迴或圓形，而輪迴與連貫的根據叫做「業」，那麼，「業」是什麼呢？簡單說，就是一個人活著一輩子所做的一切行為——說話、動作和意念，也分成善與惡。

星雲大師說得好：「說到業，首先我們先瞭解身口意是造業的三位主人翁，身體造的業，如殺生、偷盜、邪淫；口舌可以造業，如妄語、綺語、兩舌、惡口；心意的造業，如貪慾、瞋恚、愚痴，由此身口意所造之業，可以決定人生的苦樂禍福。」個人不論在那個舞台，扮演那種角色，時時刻刻都在製造身、口、意的善業與惡業。這時候，請再牢記『法句經』下首詩偈：

「不善的事，損害自己的事，很容易做；有益的和善的事，實在最難做。」（一六三）

依照因果報應的法則，千萬不能造惡業、種惡因，這方面的自主權全操在自己手上。我想，人活著就是為這些，青少年要為自己以後的角色做準備，為將來扮演的舞台做選擇，且在分分秒秒的做人處事中都要記住因果法則和報應事實。

2．早嘗禁果　後遺症多

許多青少年開口閉口說：「食色性也」。在中學時期，便迫不及待去早嚐禁果，其實，他（她）們那有成熟的思考可以悟解「性愛」在人生的非凡意義呢？一味粗俗、草率和好奇去嚐試，後遺症多得很，說不定會抱恨一輩子……。

根據一項全球調查顯示，現代人初嚐禁果的年齡愈來愈早，由九六年的十七點六歲，降到今年的十七歲。相當於高中生就開始性愛生活，但也因地區、家庭和個人等條件不同而有極大差異。

總之，這種降低事實會產生幾項共同點——年輕懷孕、性病感染的危險和男性早洩等，都會影響個人以後的正常生活。顯然，少女懷孕會面臨經濟壓力，缺乏性知識造成性病感染，就要付出更慘重的代價。

台灣這類問題亦非常嚴重，依據民國八十六年年底一篇報載，簡直讓人嚇一大跳，請看以下內容：

未成年少女墮胎情形普遍，其中又以校園盛傳的暑假墮胎潮，或九月墮胎潮最驚人，據一份婦產科醫師問卷調查指出，一百零三位醫師表示，最近一年內為未成年少女進行墮胎手術，高達一七七五人次以上，其中國中女生二六五人次，高中女生一五〇六人次，甚至遇有四個國小女童，而手術期間在七月到九月出現高峰，比例約佔全年的三成八到五成二。

陪同未成年少女進行墮胎手術的，百分之二十九是孩子的父親佔第一位，其次是少女的父母佔百分之二十八點八三，然後是同學或朋友佔百分之二十八點四六，以及百分之二十是其他親友和自己單獨前往。

問卷並顯示未成年少女墮胎愈來愈多，以及懷孕知識缺乏的問題，在二百三十八位受訪的婦產科醫師中，有百分之九十四點四，都曾經接觸過未成年少女懷孕求診案例，而且四成七七的醫師表示，曾經碰到有些少女直到陣痛，臨分娩前才知道懷孕的情況。未成年懷孕就診的少女，在懷孕前有百分之七十都未做避孕措施，僅百分之二十八點六五有避孕。

哇！想起自己也曾經年輕過，那時少女懷孕是聳人聽聞，一旦未婚生子，還會被趕出家門。這樣，對當事人前程，尤其是終身幸福的影響非同小可。

近來，台灣警方臨檢KTV、PUB或酒店等色情行業，屢見未成年少男少女，除了雛妓，便是從事性猥褻，部份來自不健全家庭，亦有被迫或糊里糊塗提早跳進社會黑暗的大染缸。又因商品消費誇大宣傳，在「祇問衣裳不問人」的價值觀誤導下，極易失去方向感，而落入紅塵，追求官能享樂，都是青少年早嚐禁果的誘因。

再看最先進的美國社會亦不例外，乍讀若干調查資料，不禁讓人搖頭嘆息——因為未婚媽媽每年能生下百萬個嬰兒，且墮胎數據也指出：「許多青少年性愛活動頻繁，致使許多少女懷孕。」詳細報導說，美國青少年喪失童貞的年齡也愈來愈低，有初次性行為者，年齡有些已降到十三、四歲，到十五歲便有二成女生，和三成以上男生不是處女、處男；到十六、七歲時，使有半數女生，和近乎七成男生進入性行為活躍期；到十九歲時，不論男女都有接近百分之百性經驗者。

美國青少年沈溺在不成熟、且不負責任的性關係中，不但影響學業，也會製造嚴重的社會問題。青少女平均每千人中，就有一百二十七人懷孕，每年總數超過一百萬人，其中四成選擇墮胎，其餘選擇成為未婚媽媽，因為美國政府的社會福利週到，為了照顧這些無知少女及其孽子，每年要花費二十一億美元。

很恐怖的是，因為他們缺乏性知識，致使少女懷孕情形普遍之外，也加速愛滋病的流行，在都市破敗社區的中學裏，竟然出現每百名學生，就有二到四名染上愛滋病毒的紀錄。

還有更可笑的是：美國青少年學子竟有嚴重的價值混亂，大家在學校比的就是「跟幾個男生上過床」和「搞過幾個女生」。不時聽到有人吹擂「昨天晚上做了好幾次」，好爭取性交比賽冠軍，此外也比賽性伴侶多少。報載某項調查統計，三分之二有性經驗的青少女，至少有兩位性伴侶；住在都市地區十七到十九歲的青少男，則宣稱至少有六位性伴侶。

而美國教育當局對這問題也沒辦法，因為大環境使青少年極易受到性挑逗，也隨時隨地能接受各種感官刺激，和需求的供應。教育學者知道要青少年禁慾是無望的，退而求其次，只盼他（她）們能夠「適度」或「節制」些性行為，同時「稍微固定」性伴侶。但擺在眼前的事實是：連這樣的期盼都會落空。

這就難怪美國已故總統尼克森，曾經痛斥美國高三學生，每天溫習功課時間不到一小時，卻看了三個小時以上麻痺心智的電視節目——充滿性慾暗示，只會吸取渣滓和垃圾，完全對吸收知識和創造思想沒有助益，可知真正具有傳統與正確價值觀的美國前總統對青少年的性墮落多麼痛心與憤慨。

附帶一提者，美國青少年不把精力用在學業上，而是消耗於感官刺激上，他們和全球各國青少年比賽，一定穩拿冠軍的大概就是性功夫，因為在國際性學科測驗上，各科目紛紛落後的窘境早已成為全球笑柄，大約有二成大學生還不知自己國家的北鄰是加拿大……。

憑心而論，社會風氣的敗壞是很複雜的大環境問題，對家庭和個人造成巨大壓力，當然也使家長和教師對青少年的性教育等身心發展力不從心，充滿許多無奈，尤其對家長來說，明知如此，也要盡力而為，總不能眼睜睜看著兒女步步危機，以至斷送終身幸福。僅就這方面，父母親更都是過來人，理應有相當的智慧來保護和教誨下一代，例如，先營造一個溫暖、安全健康而不落伍的生長環境，隨時關愛發育期間的青少年兒女。

沒錯，性愛可以帶來歡樂與激情，但人生不宜太早嘗試，誤人誤己的結果已如上述，有了初次，就難免有二次、三次和無數次，以致縱情肆慾，不能自拔。其實，這不是單純的身體發育問題，也屬於意志力與心定等問題。談到這裡，我要建議家長不妨活用些佛教的智慧，來啟發和指引他（她）領悟真正的性愛因緣，有了正確的認識或理解，他（她）們才能有效地自我調適，和健康的轉化，那麼，後果肯定是正面的，也會出乎意外的好……。

請讀『法句譬喻經』一則故事：

某年，佛陀在舍衛國祇園精舍說法時，有一個愚蠢的少年比丘，昧於佛法，情慾熾盛，不能克制，而深以為苦。一天，他苦思結果，便想將生殖器官切掉，才能消除性慾，專心修道。

於是，他向一位施主家借來一把斧頭，準備到房間自砍私處。誰知佛陀早已洞悉他的計劃，很同情他的苦惱，便迅速走進他的房間，問他手持斧頭幹麼？那位比丘放下斧頭，坦率稟告佛陀說：

「我修行至今，仍然不能開悟，每次坐禪，快要入定時，卻會被情慾搞得紊亂昏迷。每次事後，都會心中自責，不能定下心。我想這是因為生殖器官作祟，才想將它去掉算了。」

佛陀告訴他說：

「若要修道成佛。先要斷除愚痴想法，其實，修行人要先調伏慾念，定心才是根本之道。只要心定意解，情慾自能下降，甚至消除，然後才能得道。一切苦惱在愚痴，所以修行要靠智慧，只有靠它來斷除妄想迷惑，心念才能定下來。」

這位比丘聽了始知自己有夠笨，便開始思惟止觀，和正定法門，終於收攝了妄念，使心境清淨下來。

其實，「止觀」與「正定」法門，正是禪修打坐，或專心念佛到一心不亂的境界。血氣方剛，戒之在色，少女情懷，務必自制，誠如『法句經』一首詩偈說：

「愚昧無智的人，恣情放逸；智者防護不放逸，猶如防護最上的財寶。」（二十六）

有時候，心亂如麻，怎麼也鎮定不下來，那麼，不妨盤腿打坐，眺望午夜的星空，可以掃去內心的不安。幾分鐘後，便有「身心一如」的清淨。日常生活中，常常坐禪，功夫一深，空無的境界也不難到達。

3・心儀偶像 未必不好

A夫婦從台灣來洛城旅遊，抽空來訪時，從閒話家常，一直聊到他們兒女的學業，只聽A太太嘆說：

「我女兒讀高二，天資不壞，可惜不用功讀書，她是劉德華的崇拜者，簡直迷得不像話了，幾乎都把課外時間放在劉德華身上，看她的房間牆壁、桌子和床邊都貼滿劉德華大小不同的照片，我們怎麼罵她、勸她都不管用；要是我以前的脾氣，就會出手給她一個耳光，現在想她長這麼大還挨打，也講不過去，只好一忍再忍，看她會不會清醒？她還寫過信給劉德華，說自己有多喜歡他、支持他，但對方從來沒有回過信，唉！我也不知道要怎麼辦？」

乍聽下，我微笑反向A太太說道：

「老實說，你當年不也崇拜什麼人嗎？像我熱愛寫作，就喜歡蒐集某個作家的海報和新聞報導。青少年崇拜偶像很正常，但要看他（她）崇拜什麼人？只要不是壞人，不論中國人、外國人都無妨，或者古代人、現代人都不要緊……。」

A太太聽了沈默半嚮，之後噗嗤一笑，說道：

「沒錯，少女時代我也有敬仰過什麼人，可沒像她那麼入迷呀！」

我說：「時代不一樣啦！現在資訊發達，媒體自由報導，各行各業的優秀人才都藉機出盡風頭，崇拜者豈止你的女兒而已!?」

A太太終於點頭稱是，但仍憤恨自己的女兒迷得過份，不該把功課放為次要，眼見明年就要大學聯考，功課最重要，怎麼不體諒父母心呢?真是太沒道理！

接著，我透露自己女兒當初也是個郭富城迷，一有空就收集他的各式照片、錄音帶、剪貼本、親筆簽名和畫冊等，房間內隨處可見，然而，等她慢慢長大，大學畢業到社會上做事，那些偶像照片才逐漸被撕下來。其間，我也看情形、看時機，很技巧又有限度地勸導她，不敢完全否定，或嚴厲指責她。我想她自己將來比較懂事後，總會醒悟這樣如醉如狂、莫名其妙地盲目崇拜，實在沒什麼意思，幸好她後來從這個框框跳出來了。

其實，要不過份入迷，而對方也不是壞人，倒不必太堅持己見，讓她持續一陣再說……。A夫婦後來接受了我的意見。

不消說，青少年的思考判斷和行動範圍，當然會逐漸從家庭管教下走出來，等於慢慢脫離家庭這個小天地，不會再以父母為唯一崇敬和倣效的對象，更不再唯命是從，甚至有人表現相當程度的反抗，例如，消極的沈默或頂嘴，爭辯等強硬態度，所謂代溝者，當如是也。

依照孩子們的解說，這是據理力爭，而他們的「理」由，來自一套自己的價值觀與人生觀。因為他們上過幾年學校，結織了些老師、同學和其他人，耳聞目睹、道聽塗說，孕育出一套自己的思考、推理、喜好與選擇，不再是父母親給他編造的那一套了，而他（她）就用這套標準來評估世間的人物與事件。

他們心目中的偶像就是自己憑這套標準選擇出來的人物，至於那個偶像是不是家裏能夠接受，他（她）就不管了。有時候，這個偶像是古代人或外國人，不但未曾見過面，也未曾說過話，無如，對方的思想觀念、行為表現能夠引起自己的共鳴，就會忍不住對他（她）頂禮讚嘆，心儀不已，接著，自己也會在日常生活中，有意無意地仿倣這位典範，有時候會超越時間、空間和族裔。

例如，中研院院長李遠哲博士讀新竹中學高一那年，讀了『居禮夫人傳』，就被她一句：「知識應該屬於全人類共享，不該拿去申請專利，獲得財富獨自享樂。」的話感動不已，那是代表一種高貴、人道的佈施精神，李博士從此就以這位女科學家為偶像，步其後塵而走上科學研究的路。

唐朝時代，有一位年輕法師唐玄奘，非常敬仰前代高僧法顯、智嚴等人，不畏艱辛去印度求法回國，利益眾生。所以，玄奘法師二十六歲那年，果然效倣前輩的風範走出國境，冒著萬般危險到印度留學，學成回國後做了一番不朽的佛教事業。

不過，不是所有青少年都能見賢思齊，崇拜成功的人物，有些反而會把反社會者當作偶像，逐步學習他，這時候，家長們可要當心，免得被壞人或顛倒的價值觀牽著鼻子走，愈陷愈深，走火入魔，後果不堪設想。

誠如前述，許多青少年的偶像充滿幻想與浪漫，有時很難被家人接受，無奈，孩子們依然如醉如狂，不允許第三者譏笑與指責，那麼，家長要因勢利導，見機提醒，千萬不能反其道而行，否則，就不能收到教化效果了。

依照佛法來說，崇拜者與被崇拜者間也有因緣，也許理念一致，興趣相同；也許特長一樣，價值觀相彷；例如愛讀書的人，無不以大科學、文學家、著名教授等為偶像；喜歡運動的人，自然崇拜某位運動健將，或在那一項打破紀錄的明星運動員；各行各業的傑出領袖，幾乎都是所有青少年男女崇拜的偶像；而最要緊的是，父母親要給孩子正確的價值觀，藉此來選擇他（她）自己的偶像，而不必硬性規定他（她）要敬仰誰，其間保留若干彈性……。

雖然，學佛的人都很敬仰佛陀，以他為典範，但那不是盲目崇拜，而是出自睿智、理性和真誠的敬仰，因為佛陀能夠捨棄世間的名聞利養，慈悲渡救眾生，那麼，應該怎樣落實這份恭敬心呢？答案是，從日常生活的點點滴滴做起，絕對不是嘴巴說說而已。除了佛陀，所有解脫苦惱的人都是佛教徒應該敬仰的對象，有下列詩偈為證。

「旅程已盡，誰去憂患，成為自由，斷除一切束縛的人，沒有苦惱。」（『法句經』九十）

4·假期生活　不能等閒

依據台北市政府統計，全市共約三十二萬名青少年，其中在學約佔八五%，一到寒暑假，就有大約二十七萬名學生離開學校，不是待在家裏，便會出現街頭、郊區，或其他地方，反正漫長假日對他們有極不尋常的意義！

想起上學那段日子，每天有忙不完的功課和作業，身體與時間都由不得自己做主。緊張、嚴謹和規律生活不在話下，幾乎連喘口氣的機會也難得，一旦到了寒暑假，尤其兩個月的暑假完全屬於自己，可以輕鬆一陣子。

例如，有人愛去訪友、聊天、爬山、游泳等；有人趁機去補習電腦、工藝、畫畫；有人家境清貧，正好找個短期工作，賺些學費和零用錢；有人家境富裕，當然會隨著家人旅行，甚至出國見識一番，反正暫時把功課丟在一邊，充份體會「暫時休息，準備走更長遠的路」，或「現在休息是再出發的準備」，生活情調與性質，幾乎跟上課的日子有天淵之別。不一樣就是不一樣，即使對部份人而言，暑假是考試季節，考前的緊張不言可喻，一旦考完便幾家歡樂幾家愁，但也都能享受假期的滋味……。

記憶裏，我讀高中那幾年，救國團每年暑假都舉辦各種戰鬥營和服務隊，讓青少年體驗不同的生活，可說功德無量，美事一樁。例如高二那年暑假，我參加農村服務隊，呼朋引伴，高興采烈到新竹縣幾個鄉村，訪問農家，聽聽他們的工作經驗和心聲，那也是我高中生活最美好的回憶之一，更出我意外的是，這段回憶提供了我現在寫作的寶貴資料，只要一寫到當年的生活，必有那段優美的記憶。

在台灣，升學氣氛太濃厚了，幾乎沒有幾個青少年不感受這種沈重壓力，上學期間天天手不釋卷，除了讀書！讀書！還是讀書！且唯一目標是考試和升學。說真的，這樣很難有機會去品嘗不一樣的生活方式和經驗，說來苦悶又無聊。那麼，寒暑假無疑提供另一種學習的機會，人生的路很漫長，未來誰也不知會碰到什麼境遇，俗話說，人生不如意事十之八九，倘若年輕時代錯失學習或體驗機會，將來事到臨頭肯定驚慌失措，不會面對和處理。所以，校外學習十分重要，父母應該充份鼓勵，以豐富兒女們的青少年經驗。例如下面一段報載：

台灣東陽事業集團的吳姓總裁，利用暑假帶著年僅十八歲，在美國讀大學的兒子赴大陸談生意，藉機訓練兒子的膽識。因為商場詭譎多變，若非身歷其境，實在不容易體悟和解說。這位總裁還特地安排兒子到溫度高達攝氏四十度的工廠去打工，了解作業有多辛苦……。

現代社會形形色色，生活也多彩多姿，父母更宜利用假期多多親近子女，防止巨大代溝或疏離感，以免造成無情無義，只重知識，而昧於世故的書蟲，將來不僅懊悔莫及，也會給社會帶來負面影響，損失難以預料。所以，假期不僅是有輕鬆孩子的身心或養精蓄銳的功用，更重要的是，上述那種情操教育，可以彌補學校中被忽視的德行、體育和社會教育。但事先要有計劃、有安排，不要虛度光陰，假期過了一無所獲，就有說不盡的可惜。

且說有一位學僧叫做大年，他醉心於佛像雕刻，奈因沒有專家指導，所雕塑出來的佛像總不盡滿意。所以，他決心要出外參學，專程拜訪無德禪師，希望得到這方面的知識與技巧。

大年天天到法堂時，無德禪師便放一塊寶石在他手中，命他捏緊，然後天南地北跟他閒聊著，除了雕刻方面的事外，其他一切都談，約一個小時後，無德禪師拿回寶石，才命大年回禪堂用功。

就這樣持續了三個月，無德禪師既未談到雕刻的技術，甚至都未談到為什麼放一塊寶石在他手中，終於，大年有點不耐煩，但也不敢詢問無德禪師，一天，無德禪師仍照往常一樣，又拿一塊寶石放在他手裏，準備談天。

大年一接觸那塊寶石，便覺得不對勁，立刻脫口而出說道：「老師！你今天給我的，不是寶石。」

無德禪師問道：「那是什麼呢？」

大年看也不看，就說道：「那只是一塊普通石頭而已。」

無德禪師欣然笑道：「沒錯，雕刻是要靠心手一致的功夫，現在你的第一課算是及格了。」

這則公案的啟示是，學習方式不妨逆向進行，不一定要循規蹈矩，滔滔不絕灌輸雕刻知識與技巧。由此引申，假期學習也能輔助學校教育的不足與缺失，異曲同工，逐漸完成全方位的教育功效。許多倫理觀念、生活常識、做人道理不就能在假期加強輔導嗎？處處是學問，俯拾皆文章，可以詮釋假期生活的重要，奉勸少年朋友們好好安排和善用！

5．寧死不偷　不愁不富

所謂「飢不擇食」，也許有另一種含義，人在餓得忍不住，而順手牽羊拿人家的食物充飢，可能情有可原，對方會於心不忍而放他一馬？但也要看什麼原因飢餓至此？倘若好吃懶做，整天無所事事，又因貪婪享樂，就動歪腦筋去偷竊，都不可原諒，不值得同情，餓死活該，咎由自取也。現在台灣青少年犯中，不乏這類此例與見證，無異「台灣經驗」的一大「奇蹟」和「諷刺」。

前不久，台北市松山少輔會發現轄區內少年犯的單獨犯案件數，遠較集體式共犯為多。教育程度以高中在學居首；在偷竊物中，又以偷機車居首，且國中肄業少年犯比例大幅提升，作業時間多半在凌晨零時到三時之間，而犯案地點仍以校園及周遭巷弄、遊樂場為主。

從這份報導透露一項重要訊息：學校要與社區聯合防治才能根治這種偷竊，且需家長隨時跟他們保持連絡、交換意見……。

還有北市萬華分局曾經偵破一起少年扒竊集團，獲知他們經常出沒在西門町萬年商業大樓及電影街一帶，一年作案三十餘件，所得贓款共同分享、吃喝玩樂，而他們都是剛從國中畢業、肆業和無業少年犯，從此也同樣凸顯一件重要問題：輟學和無業少年的輔導不能等閒了。

再說下則報導：「少年大盜幹下搶案六十樁」詳情如下——

某工專三年級的莊姓學生，與一名高職休學的王姓少年，涉嫌飛車搶奪獨行婦人的皮包，逃跑時撞上一輛郵務車，被警方與民眾合力逮捕。

他們供稱今年已做過十多件搶案，警方至中午已查出其中六件……兩人向警方坦承，他們今年已分別在高雄地區搶過六十多人，除了現金外，其他東西都丟棄在高雄縣橋頭鄉一處樹林。

表面上，偷竊行為是身體動作，因為伸手拿了就跑，無異手腳不乾淨，其實，根源在心術不正，胸內有貪慾或心緒不定，被外境所轉，而不能冷靜思考，欠缺明心見性的智慧，所以禪門大德警告：「偷心鬼子，令人生厭。」例如一位石屋禪師說過一段精彩的教誡，而感化了一個竊賊，尤其膾炙人口。那則禪話是——

一天，石屋禪師外出，在路上碰到一個漢子，暢談下不覺天色已晚，兩人就去旅店投宿。半夜，石屋禪師聽到房內有聲音。就問：「天亮了嗎？」對方回答：「沒有，現在仍是深夜。」禪師暗忖，此人能在深夜漆黑中起來摸索，一定是見道頗高之徒，或許還是個羅漢吧？於是又問：

「你到底是誰？」

「是小偷。」

禪師：「喔！原來是個小偷，你前後偷過幾次？」

小偷：「數不清。」

禪師：「每偷一次，能快樂多久呢？」

小偷：「那要看偷到什麼東西。價值如何？」

禪師：「最快樂時能維持多久呢？」

小偷：「幾天而已，過後仍不快樂。」

禪師：「原來是個鼠賊。為什麼不大大做一次呢？」

小偷：「你有經驗嗎？你共偷過幾次？」

禪師：「只一次。」

小偷：「只有一次夠嗎？」

禪師：「雖只一次，但畢生受用不盡。」

小偷：「這東西是在那裏偷的？能教我嗎？」

石屋禪師一聽，就往鼠賊的胸部一把抓住說：「這個你懂嗎？這是無窮盡的寶藏，你將此真正的一生奉獻在此事業上，畢生受用不盡，你懂嗎？」

小偷：「好像懂，又好像不懂，不過這種感受倒讓人很舒服。」

這個鼠賊深悔自己的偷竊行為，不久皈依石屋禪師，做了一個禪者。

石屋禪師此舉，意謂自己有健全的頭腦和四肢可以運用無窮，包括創造財富，何必貪取身外之財，和別人的財物？

這一手高招，需要靠相當的機智，不是每個家長都能做到，但一味正經八百，滿口八股教條，或最傳統的打罵方式是不夠的、無效的，偶而用些善巧方便也有必要，也蠻管用。例如有一位朋友的兒子，讀國二那年，經常說要到同學家去溫習功課比較有心得，不懂也可向他請教，家長以為有理，就允諾了。

誰知不久後，兒子伺機溜出去玩，有時幾天不回家，屢勸他不聽，打他耳光也不怕。有一次，他偷了一家麵店的現款，對方看他是個國中生，不像慣竊犯，就原諒了他，同時叫人轉告他的家長。

他母親氣得淚水涔涔，當面警告兒子說：「只要下次再偷人東西，我就當面上吊給你看！」果然這句話起了教化作用，她兒子從此不但改邪歸正，不再偷竊，且還發憤用功，成績很有進步了。

再說有人心術純正，雖然手腳殘廢或身體有缺陷，也不偷不騙，反而竭盡所能，堂堂正正活下去，例如，證嚴法師講述一則真人真事，讓人無限動容——

台中有一位貧戶，平時做小生意維生，有一天被火車輾過下半身，整個下肢完全被輾斷，連坐股都沒有了，六尺之軀僅剩下三尺，所幸保住生命而已。

當時我鼓勵他：「人生並非只有兩條腿才能走路，世間道路你才走到一半，還有一半以上的人生還要走，你今年只有二十八歲，要拿出勇氣，只要記住，母親剛生下你的時候，你也一樣不會走路。如今不幸遇到意外，應該要有再生的意識，即使少了兩條腿，還有兩隻手，從今天開始，訓練自己，利用萬能的雙手，去創造未來另一半人生。」

他流著淚對我說：「師父，我以為我這一生已經殘廢了，聽到師父的話，我立志絕不殘廢，從今天開始，即使我坐不穩，也要將自己綁在輪椅上，利用我的雙手撫養兩個兒子。」

他真的自立了，雖然不能站起來，靠著賣獎券也維持了一個小康的家庭。

誠然，這是講授青少年偷竊的最佳教材，絕對有啟發性、教誨性和鼓勵性。

時下許多青少年都崇拜億萬財富的企業家，如王永慶、施振榮等，可惜大家只羨慕他們眼前的成就，而不知他們的奮鬥辛酸，或有其果必有其因的道理。換句話說，他們的財富既不是祖先留下來，亦非天上掉下來，其所以致富，原因又有一個，而那也是放諸四海，連貫古今的真理，不妨藉用『大莊嚴論經』一則故事來譬喻和解說——

有一位宰相的兒子，父親死後因故不能繼承王位，很快用盡了財產，生活窮困了。

一天，他突然心生一計：「現在無路可走，三餐沒著落；只能去偷竊了。若偷別家的東西，對方被連累，於心不忍，何不潛入王宮偷些國王的東西比較值錢，而且國王一向不愛百姓。」

深夜到了，他潛入王宮，進入國王臥室。國王聽到聲響，醒了過來，目睹兇狠的強盜，怕得不敢吭聲，一直裝睡。青年把國王的衣服和裝飾品等價值東西聚集一起，回頭一看，國王枕頭下有一個盒子放滿了水，上面浮滿灰塵。因為肚子餓得忍不住，誤以為麥糊，立刻將它一口氣吞下肚。待肚子填飽後，才發現那不是麥糊，而是灰塵。他心想：

「肚子餓極連灰塵也能當飯吃，何況吃草，更能維持生命，既然如此，我何必當小偷？父親生前是堂堂一國宰相，我怎能這樣沒出息，幹這樣卑賤勾當？」

他大徹大悟，便將手上所有東西留下，空手離去。國王看了好生不解，便命人捉他來問話。對方毫不隱瞞，侃侃談出心事：「我今後寧願喝灰塵、啃草根，忍受飢餓也不再當小偷，或當強盜去害別人了。」

國王聽了既歡喜又感動，當面鼓勵他一番。

總之，若有這種骨氣，自然不會行竊，又何愁不會發財？道理就這麼簡單，少年朋友想想也明白呀！

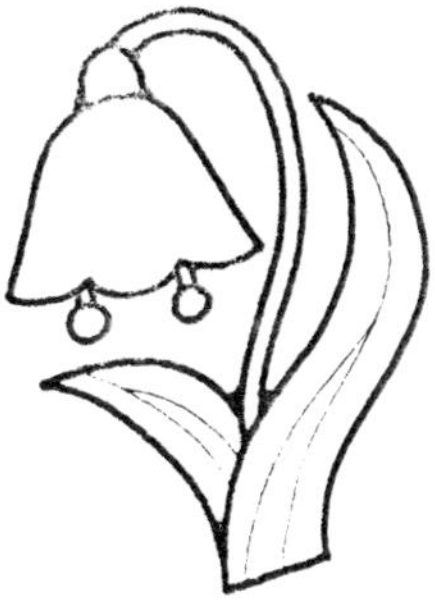

6·逃學在外 損失慘重

禪修的人耳熟能詳：凡事有果必有因，無因無緣不現果，孩子逃學對關心子女教育的父母來說，不啻一件非常痛苦的結果，但別忘了它必有若干因緣——成績低劣、偷竊、交上壞朋友、參加幫派、打架、跟同學或師長關係惡劣等，都容易使少男少女們逃學。

按理說，學校裏有年紀相若的男女同學，共同學習現代各種必備的知識，且上學也是一種相當被社會大眾所肯定的，尤其對自己未來的事業成敗有巨大關係，按照道理說，應該爭先恐後才對，然而，竟有極少數青少年向上學說「不」，理由耐人尋味。

政大心理學陳皎眉教授，曾經綜合青少年逃學的原因有以下幾項：

㈠、單純貪玩，對學校沒有興趣。

㈡、學業壓力重，成績太差。

㈢、同學相處不好，常被欺侮。

㈣、反抗學校、父母，刻意表示獨立。

㈤、結夥出外吃喝玩樂，找刺激……。

還有張老師主編青少年系列⑸「向逃學說『不』」裏，也有下面一段生動的說明——

考試連連，挫折不斷，成績單上的紅字，可能把一張原本已經壓力沈重的臉染得更羞紅：對某些孩子來說，創造電動玩具分數紀錄的成就感，可能遠比在學校拿及格分數更容易和快樂；做別人不敢做的事，才算上道，是另一種「英雄」；孤單的面對學校那些人高馬大的同學的威脅、恐嚇，怯懦的孩子可能認為「不到學校」是逃過一劫的保命法；常常進出訓導處的孩子，也許抱怨老師們「找麻煩」，使得逃學成了家常便飯；或者有些人只是想給父母、老師一個「教訓」——別再給我壓力、別再對我兇……種種原因都在說：「我們的孩子確實遇到了問題！」師長父母看著孩子用不高明的方法——逃學，來解決自己的問題，真是心急又心疼。

不論逃學出自什麼原因，最可怕也最需要注意的，是不要染上不良嗜好，而引發犯罪惡習。例如抽煙、賭博、偷竊、吸毒、搶劫、強姦、暴力或打架，而這些往往不是個人行為，也非馬上學會，果真不幸有了，就絕對要當機立斷，父母要做出堅決反應，例如，膾炙人口的孟母三遷，就是針對孟子逃學而做出的果敢表現……。

以下有一件實例，讓人嘆息：

一個名叫李明的少年，家境富裕、性格好動，在台灣不好好讀書，故在他十三歲那年被父母帶來美國洛杉磯當小留學生。由於美國教育環境太輕鬆，更使他無法無天。六年級上了幾個月，七年級也只讀半年多，其間，他僅從幾個外國女朋友寫給他的情書中，學會幾句英文生字。

到了暑假，就跟幫派份子鬼混。他們都是不愛上課的同年齡孩子，幾乎每人都逃課。到了八年級和九年級更糟，李明不僅止逃課，索性連學校都不大去了。由於上學日子太少，使學校不再算他缺課的日子，反而算他出席的日子，甚至有些老師看到他，還以為他是新生，可見他上課的日子實在太少了。數學老師甚至望著窗外的天空，看看天有沒有掉下來？因為李明居然會出現在教室裏。

總之，李明的聲名太壞，沒有一科及格，可是學校仍讓他畢業，目的想早點兒把他送走，這個「孺子不可教」也。

禪修也跟上學一樣，上有師長在接引，周邊有同參互相切磋，美好的生活莫過於此，理應樂此不疲，發憤用功，無奈，修禪證悟是一條漫長的路，絕對不是三兩天，或三兩個月能夠如期完成，其間，個人的因緣難免會有變化，例如修行意志不堅定，就會中途離去，或牽掛塵緣，想回家團聚。這一來，就會前功盡棄，不得證果，有說不出的可惜。例如『法句譬喻經』有一則說話——

從前有七位比丘上山修道，前後修了十二年不能證悟，他們覺得修道太難，不如回家娶妻生子，發展事業，快心樂意，於是，七人便一起動身下山。

佛陀洞悉這七個人應當得度，只因不能忍耐小苦，便中途改變初衷，將來會墮入地獄，那就可憐了，於是，佛陀就化身一位和尚，走到山谷口，剛好遇到這七位比丘。

和尚向他們說：「久仰你們在山裏修道，怎麼今天要下山呢？」

他們答說：「因為修道頗苦，罪根難除，每天下山乞食都被人嘲笑，而在山裏又無人供養，所以，想來想去不如回家做生意，賺錢結婚，等老了再來修道算了。」

和尚告訴他們說：「且慢，請聽我說：人生無常，朝不保夕，修道雖然不易，但要先苦後樂。須知居家如火宅，你們這樣還俗回家，將會千萬劫難逃苦難。惟有信道持戒，不要貪玩，精進修持，才能永遠斷除苦惱呀！」

和尚說完話後，立刻現出佛陀身相，七位比丘見了慚愧萬狀，一心悔過，之後回到山上繼續修道，終於開悟了。」

星雲大師說：「天下的父母老師，應先看看兒女學生是什麼根性，施以什麼教育、感化、慈愛、身教，仍是最好的禪的教育。」

當然，最好的教育是愛的教育，以鼓勵代替責備；以關懷代替處罰，才容易收到效果。例如，下則禪話透露很不尋常的訊息，跟本文旨趣不謀而合。

在仙崖禪師住的禪院裏，有一位學僧經常利用晚上時間，偷偷爬過院牆到外面去遊樂，仙崖禪師夜裏巡察時，發現牆角有一張高腳的凳子，才知道有人溜到外面去，他不驚動別人，就順手把凳子移開，自己站在凳子的地方，等候學僧歸來。

夜深的時候，遊罷歸來的學僧，不知凳子已經移走，一跨腳就踩在仙崖禪師的頭上，隨即跳下地來，才看清是禪師，慌得不知如何是好！

但仙崖禪師毫不介意的安慰道：「夜深露重，小心身體，不要著涼，趕快回去多穿一件衣服。」

全寺大眾沒有人知道這一件事，仙崖禪師從來也沒有提起。但自此以後，全寺一百多個學僧，再也沒有人出去夜遊了。

不守禪寮規矩、夜晚私自出遊，跟學生不守校規、溜出校外遊樂有何差別呢？當然，校有校規，家有家法，老師父母要賞罰分明之外，也希望流露幾許感性的話，可能會收到意外的功效！

7．活不耐煩 豈不怪哉？

有位高中女生寫一封信給台北張老師，內容如下：

張老師，您好：

我一個很笨很笨的女孩，沒一項才能，且所得到的批評只有 LAZY 這個字，雖然我今年才高一，十七歲，但我卻覺得這世界竟沒有一樣可留戀的，即使我死了，我想也不會有人關心的；我好痛苦啊，真想死掉算啦！

我在家排行老二，上有一個奶奶疼愛的哥哥，下有一個媽媽寵愛的妹妹，而我，是個沒人疼養的中間人。每次與兄妹吵架，他們總是諷刺我，批評我書讀得那麼辛苦、痛苦，才考上三流的學校，真是白痴！而媽媽更是討厭我至極，常挑我毛病，在父親面前數落我，使父親更不喜歡我。唉！我受不了家人的冷嘲熱諷態度，及妹妹滿口髒話不尊重，我好想以死解脫這種生活啊！張老師！希望您救救一個在死亡邊緣掙扎的人，我該怎麼辦呢？

笨女孩　敬上

乍讀下，我們覺得太荒謬了，彷彿溫室的花朵被微風一吹就要折斷的樣子。青少年的觀念、心理或思想如此弱不禁風，非常值得教育工作者、精神病醫生、心理學家、社工人員和家長們操煩、憂慮；他們應該聯合思考對策，探究問題的因緣。但很奇怪，這種情形不僅國內存在，連日本和西方社會亦不乏此例。

例如，美國鼎鼎大名的蓋洛普民意調查，那年發表一份報告：美國有百分之六的青少年有自殺企圖，且三分之一有此考慮，主要原因是發育期間疾病、濫用毒品和同輩人的壓力，少數則涉及父母的因素。詳細數字是：大約五千名少年自殺斃命，和五十萬人企圖自殺……。這個數字也夠嚇人一大跳。

台灣情形也不樂觀，那年，中研院社會科研究所曾受衛生署委託，做過一次這方面的調查，發現十二、三歲國中生裏，有一成的人有過「不想活」的自殺念頭，雖然付諸行動者不多，但顯示現在青少年過得並不快樂，根本不是大家所想像那般「天真無邪」或「無憂無慮」在享受青春歲月。依照專家解釋，女生面臨壓力時，較常採用「內化」方式處理，就會產生絕望、自殺等念頭；反之，男生易採「外顯」方式應對，出現反抗、用藥等偏差行為。

總之，國內青少年面對問題的處理方式，既傾向不健康，又顯示懦弱無能，在在都提醒諸位家長不要小看年輕兒女的內心教育。

再進一步依照國內十幾家醫院青少年保健門診的統計，則有四分之一青少年是因青春期發育、性方面問題而求醫，另有五分之一有情緒問題，再有一成半有課業、生活環境等適應上的困擾。專家們說，由於青少年反叛性強，若有課業、感情或生活上有問題，往往不願求助長輩或專業人員，只會鑽牛角尖。所以，衛生署考慮目前使用網路在青少年間蔚為風氣，若能在網路上設資訊站，使他（她）們不必直接求助於人，也能鼓勵他（她）勇於提出問題來。當然，這是好事一樁，值得去做，至於解答得完善與否，恐怕還要三思。

依我看，至少要放些佛教的生活智慧來指點他（她）的迷津，好讓對方得到更宏觀的啟發，才容易跳出層層苦惱的束縛，因為佛法彷彿一把金剛利劍，最能斬斷青少年身心兩面的諸類亂麻，協助他（她）們解脫。

最讓國人意外的是，國內青少年十大死因裏，自殺案例已高居第二名，且比例有日漸升高的情勢，備受社會的重視。

說真的，讀書跟智慧不一樣，光會讀書考試，未必能有多少破解苦惱的智慧，青少年正因碰到苦惱解決不開才想自殺，這表示他（她）需要智慧，而它屬於「生命教育」的範圍，可惜一般的學校在這方面既無教材，也未必有良師，且家長幾乎忘了兒女已經情竇初開，身體成長，早有一套比較複雜，也跟父母不一樣的思想，故不能只靠幾句單純單調的斥喝和打罵可以替代。何況，現在資訊發達、新觀念來往沒有國界，青少年的人生觀與價值觀趨向多元化與現代化，恐怕不是昔日那種傳統與灌輸方式所能勝任。

不過，充滿慈愛的關懷是絕對必要的、迫切的，例如『法句譬喻經』有一則佛陀的教化蠻有啟發性，年代雖然久遠，族群也不一樣，但佛陀慈悲睿智的風範仍然可以做倣和學習：

多摩羅國城外有一座精舍，常住五百位出家眾，勤於讀經修道。其間有一名老僧叫做摩訶盧。他天生愚鈍，平時五百位同門輪流教導他，可惜幾年來，他連一首詩偈也記不得。大家以為他笨得無可救藥，也就懶得理會他了，只叫他掃地，做雜務。

有一天，國王在宮中設宴招待精舍的五百位僧眾，摩訶盧自知天性愚笨，沒有資格參加，不禁嘆息：

「不知我怎會這樣愚笨呢？修行多年連一首偈也不懂，受盡同門輕視和羞辱，這樣活下去有什麼意思？」

他在傷感之餘，便拿一條繩子，走到後園樹下，準備上吊自殺。

這時，佛陀以天眼洞悉了此事，便化身一位樹神來問他：「何故想不開？」磨訶盧只好坦述自己的委曲與辛酸。樹神便誠懇地教誨他說：

「首先要愛惜自己的身體，不能隨便傷殺，之後經常自勉自學，不能懈怠……只要心理平衡、觀念正確、保持良好的身體，何愁事情不能解決和成功呢？」

說完話，樹神便現顯佛身，放出光明，才使摩訶盧的邪見愚昧消失，之後努力修行，證得羅漢果位。

細讀下，佛陀這段教示沒有什麼神秘和玄妙，非常平實，照樣可用來破解現代青少年的自殺因緣。

俗話說「子女在父母眼中永遠長不大」，這也點破許多父母的愛執牢不可破，那怕心肝寶貝已經是七尺之軀，自己一味居高臨下，無法用「平視」的關愛方式。若長期如此，有時會造成反效果，甚至大悲劇。尤其，人的價值觀仍由許多外界的因因緣緣和合而成，而非父母的「附屬品」，父母親要退一步反省，不要逼他（她）太甚，或我行我素，得讓雙方有較大的商討空間和溝通管道；這一來，圓滿收場的機會最大，皆大歡喜的結局也最常見……。

人生難免一死，但死法有多種，其中一種最不可原諒，也是佛教所謂「外緣死」之——自殺，這種死法很痛苦，因為苦惱超過負荷，被迫而死，很難死得瞑目，尤其，年紀輕輕，少不更事就去自殺，無疑「忘恩負義」和「懦弱無智」。

當事人何不回想自己從小到大，受過多少父母、親友、兄弟、姊妹和社會無數有情無情眾生，直接與間接的物質供養，以及自己立足的山河大地，形形色色的文化資糧在不停滋潤，才得以活到今天，須知人死不單是肉體消失，業識也在六道（天、人、阿修羅、畜生、餓鬼和地獄）輪迴，若無絲毫回饋，忘記養育恩情，就輕率自殺，罪業大矣。佛經上說：「萬般帶不走，只有業隨身。」可見後果多麼可怕？

還有人身難得，昔時得過多少福報，才能出生人間。青少年猶如晨曦呈現，前景光明，尚未嚐到成功的果實之前，莫名其妙動過輕生念頭？佛教耳熟能詳「煩惱即菩提」，只有接受無數挑戰，才能證悟佛道。在世間法上，法國哲學家優爾泰說得好：「要在這世界獲得成功，就要堅持到底，寶劍至死都不能離手。」另一位德國詩人烏蘭特也說：「困難愈大，打贏它之後獲得的聲譽愈隆。」青少年們昧於這些最起碼的常識，可說愚昧透頂，懦弱極了。

我讀過這一本『完全不自殺手冊』，記得其中一句話真有意思：「自殺有多種，幻想式的自殺可以多死幾次，死法也很豐富多變，比真實自殺好玩多了。」意指任何人都可在幻想中自殺一百次，一千次，每次都會「爽」，但絕對不能「玩真」的。我想，青少年朋友不妨深思，再深思！之後才會真正放棄「活不耐煩」的蠢念！

第五章　青少年的教育法

1·不宜歧視過去 應該鼓勵新生

人非聖賢，誰能無過？尤其孩子們少不更事走錯一步，絕對不像下象棋一樣滿盤皆輸。他們來日方長，一旦改過向善，等於一切重新開始，今後種種譬如今日生，大家應該向他慶賀和讚嘆。

不久前，台灣因應少年犯罪案件與日俱增，通過「少年事件處理法修正案」，基於「保護優先主義」的原則，強化保護和輔導，可以取代嚴刑峻罰，規定少年犯的前科紀錄，在一定時限後應予塗銷，不讓少年血氣方剛的衝動，形成他們終身揮之不去的陰影。

顯然，這是政府要以人性化、個別化的方式引導犯罪少年回到正途。其實，這項做法也符合因緣生滅法，青少年本性不壞，當初某種因緣使他觸犯法網，以致被捉去坐牢，得到應得的苦報苦果，一旦服刑出獄，痛改前非，等於結束了惡緣惡果，前後判若兩人，除了政府要給他生路，別讓他帶著罪犯的商標被折磨一輩子，社會大眾更要以寬大的同情心與包容心接納他，事情已經過去了，將心比心，倘若自己當年處在他的立場，恐怕也跟他一樣下場；那眼前的他，已非昔日的罪犯，故宜拋棄歧視心態，給以肯定、鼓勵，幫他適應環境。

走筆至此，不禁想起許多禪者大慈大悲，方便救人的例證。其中，最膾炙人口的是七里禪師活用禪教的故事。

且說某日晚上，七里禪師正在誦經打坐的時候，一個小偷拿了一把利刃，偷偷地進入寺中，恐嚇七里禪師說：

「快把錢拿出來，不然，我一刀把你殺掉。」

不料，七里禪師聽了頭也不回，平心靜氣地說道：

「我正在誦經參禪，你不要來打擾我，錢在那邊的抽屜裏，你要就儘管去拿吧。」

果然，小偷迅速走去打開抽屜，把錢搜刮一空。當他正要轉身離開時，七里禪師又說：「不要把錢全部拿走，留一些給我明天要買花果來供佛。」

小偷趕快又把一些錢放回抽屜裏，當他剛轉身想離去時，禪師又溫和地說道：

「怎麼？不說聲謝謝就要走了？」

小偷倒也聽話，果然說了一聲「謝謝」，回頭就奔跑而去。

不久，這個小偷因為其他案子被官府逮捕，小偷招供出他曾偷過七里禪師的東西，官差把這個小偷帶到七里禪師的寺院裏來，請禪師當面指認。但聽七里禪師說道：

「他不是小偷，他沒有來搶我的，也沒有來偷我的，因為錢是我給他的，他已經向說過謝謝了。」

這個小偷因為得到禪師的保證，就減少了刑責，後來他服刑期滿後，就特地來皈依七里禪師，成為七里禪師的門下，後來成為傑出的弟子。

少年犯在社會適應期間，首先會碰到生活壓力，那麼，不論政府和私人機構都應授予謀生技能，提供工作機會，在這方面，美國各州做法大同小異，但有一項新的理念是：讓孩子們學一種技能謀生。否則，出獄後不能找工作，解決三餐問題，照樣逼使他們走上犯罪的老路。本來，要讓他們適應現實世界也是極費周章的事，因為要先明白那些因素引導孩子去犯罪，是不是學校不佳？吸毒？或受到品行不良同學的壓力？

有些專家說，僅給他們一項工作還不夠，理想的照顧計劃要包括學校、工作技能、家庭參與等，但這方面的落實有兩大阻礙，一是要龐大經費，二是公眾都要嚴刑峻罰。所以，許多州分別建造監獄，並判少年犯以重罪。儘管如此，大家仍然擔心孩子們服刑期滿後又會走上歧路。

現在，我要介紹出獄少年供膳做法的創始人，名叫裴特生，他是一位少年法庭的法官，深知生活沒保障的孩子也要出力做些有出息的事。因為他發現受過牢獄之災的孩子中有九成是被捕多次的。

他們不讀不寫，教育程度不到小學四年級。於是，裴特生便在一九八九年於邁爾密司法中心設立一種特別學校，那是一所以自助食堂服務為主的職業學校。有些學生是服刑完畢後經法院推荐來的，有些是在這項職業訓練與服刑之間所做的選擇。孩子中不乏持械劫車的重罪犯。

犯過罪的孩子們經歷了這項計劃的磨練後，再度犯罪的紀錄大為減少，學識也長進了。從下面一則生動的描寫，可知這種供膳服務的效益頗大。

「有個十七歲的孩子名叫阿米諾，一向對警官柯斯基懷恨在心，原因是柯斯基這位能幹的警員把偷車的阿米諾逮捕坐牢。而今這股怨憎之氣已經消失了。的確，柯斯基常常對人說，阿米諾做的漢堡真好吃。人又精明、勤勉。

他倆在一項特別少年司法計劃下安排的烹飪訓練班上結交成友，在這棟附設的小酒巴上，阿米諾為警員、法官、律師和社工人員準備伙食，每天工資三十二元。

原來，犯罪少年受刑期滿後，必須進入在法院和少年監獄後面設立的一所特別中學再受教育，期間每週得在小酒吧服務一次，然後獲釋重返社會。

看來這事很單純，但少年供膳服務似乎能解決美國刑事司法系統所面對的一項非常複雜的問題，讓孩子出獄後，仍能進入社會不再重蹈覆轍，以犯罪了結一生。」

乍見下，我忍不住讚嘆這種職校有多項功能，其間，最難能可貴的，是輕易扮演橋樑角色，讓少年犯出獄後順利轉型，既有心參加工作，又能洗心革面，成功地適應複雜的現實社會，可說功德無量，值得國內司法單位倣效。

當然，出獄後的少年犯不見得個個都已經徹底懺悔，有意過新的生活；若能給予溫馨、妥善的生活指引，自然能減少重犯累犯的機會，而這也是政府和社會大眾要攜手合作的。

2・由上而下　並非佳策

請聽下面兩段少男少女們的心聲：

(一)

每當我跟弟弟說話的時候，媽總是說：「回你的房間去，我不要你吵到他，他需要作功課，不像你唸那種爛學校，沒功課可作……」，我只好回房去聽我的收音機。吃完晚飯，我和姊姊聊天，媽媽也要姊姊「快去作你的功課，你不是明天要考試嗎？怎麼還在那裏浪費時間……」，姊姊也只好回房去了。

其實，我知道他們也不可能全部時間在唸書，弟弟在房間看他的棒球卡，姊姊則常在寫信、打電話，只是他們的功課比我好，就被媽媽疼愛，而我呢？就是因為功課不好，成了媽媽的眼中釘嗎？我承認自己不是好學生，在學校打架、被捕、被退學、轉學，給媽媽找麻煩，惹她生氣，但姊姊去年不也是逃家、功課不及格嗎？現在功課好了就可掩蓋一切了，我只是不想告狀而已，不然，她溜出去約會就可以和我一樣地被「禁足」，這是不公平的，我真想離開家算了，但我只有十五歲，沒有能力生活，怎麼辦呢？

㈡

爸！媽！你們知道嗎？你們管得太多了，我已經十七歲了，我有時候也有自己的想法！我覺得我真的不需要聽你們那套大道理，你們的道理太老舊了，難道每個孩子放學後一定要馬上回家做功課嗎？或要一直待在家裏，然後等明天上課嗎？我不以為然，因為大家都有朋友，放學後跟朋友一起活動又何妨，上了一整天課以後應該可以輕鬆一下吧？你們難道沒有年輕過，你們看我現在所作所為都不順眼，你們何不想想看，當你們跟我一樣大時是不是歡喜聽到長輩在嘀咕呢？不同的時代需要不同的觀念及作為，不要再在以前了！總之，你們要和年輕人做朋友，分享他們的喜怒哀樂！

乍讀下，兩人的心聲有一個共同點，是苦不堪言，有理說不清，親子間的溝通管道完全阻塞。其所以這樣，就是父母親居高臨下，提出長輩面孔和權威姿態，完全不用「勸解」，勿寧說，根本不讓孩子有「敘述」、「傾訴」、「說理」的機會，那怕孩子有千個、萬個正當或勉強可以接受的理由，也聽不進去，這一來，孩子滿肚子委曲也可想而知，有時候旁觀者清，也蠻值得第三者同情的……。

當然，父母親管教兒女是天經地義，但內容與方式也要依不同年齡和教育程度而保持彈性，豈可一味老套、呆板、嚴肅和執著，何況時代也不一樣啦！

說真的，美國式的家教方式跟國內差異極大，他們親子的溝通從小就平等的、民主的，尤其在青少年時代，台灣那套對他們完全不管用，用了會有反效果。記得我剛來美國不久，兩個孩子正好讀高一和國三。有一次，我忘了什麼事在教訓女兒，語氣既嚴厲又用命令式，就像當年在台灣教訓她那副面孔，誰知女兒聽了反而挖苦似地對我說道：

「爸！你只是我的爸爸，我很尊敬你，很感激你，但不表示什麼事都比我懂，或說什麼都有道理，我不說話只是因為不想反駁你而已。」

我一聽楞了半響，冷靜地想著！想著！立刻覺得女兒說得沒錯呀！她上了高中，英語的讀寫說都比我行，吸收美國各種新知也比我快，對美國社會的了解更比我多，而這裏是美國呀！怎麼可以用台灣那一套來強她所難呢？於是，我馬上省悟了，笑著對女兒點點頭說道：

「有道理！以後的事情你就看著辦吧！反正你也知道我的意思，大家不要傷了和氣。」

從此以後，父女的溝通管道開始民主化和平行式了，入境問俗破執迷，對我也上了人生寶貴的一課。

同樣地，國內師生的溝通管道和方式既狹窄又僵硬，有些老師動輒用自己心裏一把尺去度量他人，中學生不比幼稚園和小學生，他們早已有了各種定見，有時也難與老師契合，在這種情況下，老師總會叫學生修正，而很少會設身處地為對方著想，毫無尊重之間立場的胸襟。

例如，下面一段美國師生「民主溝通」的描述十分生動，出自一位台灣留學生的敘述，我摘要於下：

「尊重別人不同的觀點或做法」也是一件民主的訓練吧？美國人自小在這方面的學習處處可見，以在學校上課的經驗為例，我選一堂人類生態學一學期有四次考試，每次考完試的下一堂課，就是檢討答案，一開學老師就提醒大家不要缺席，因為這是最好的「加分」機會，起初還不知道因由，直到檢討了三次答案才弄清楚，原來每次考試後所有同學圍成一圈討論題目及答案，你可以將自己的意思提出，即使與老師的「標準答案」不同，只要言之成理，且經過班上半數同學的同意，或是以顯示這道題意出得不「清楚」，令人困惑等等，則原先答錯的同學都可無條件加分……老師有度量接受「題目出得不理想」的裁判，免費送給學生一分哩！

可見父母親、老師跟孩子、學生之間通行無阻，有話直說，雙方都很爽快、很健康，這樣理性的溝通方式應該能減低彼此若干誤解、緊張和衝突才對。

依照禪門規矩，也有師徒和長輩晚輩之分，這樣前後大小的輩份倫理，往往影響彼此的說話和應對態度。換句話說，也彷彿親子、師生那種由上而下的方式，非常罕見現代民主和平行的溝通；當然，外表的輩份上下和職位大小跟悟道前後沒有太大關係。

僅就前者而言，有些禪師也蠻能跟晚輩溝通，自己肯放下身段，偶而拋棄正經八百，給晚輩某些鼓舞、歡喜，好讓晚輩早些省悟，也是值得讚嘆的……。例如靈訓禪師某日來參訪歸宗禪師時，開門見山問道：「請問什麼是佛呢？」歸宗禪師望著對方搖頭說：「我不告訴你。」

靈訓禪師又問道：「為什麼不能告訴我呢？」

歸宗禪師說道：「因為告訴你，你也不會相信。」

靈訓禪師馬上說道：「不然，您是前輩，是大德，您的話我相信不疑。」

歸宗禪師就把嘴巴貼在靈訓禪師的耳朵上，悄悄地告訴他說：「你就是佛啊！」

靈訓禪師聽後楞了片刻，之後恍然大悟，不禁哈哈大笑說：「我就是佛！哈哈！我就是佛。」

就佛性來說，不論前輩晚輩都一樣，但是，有些學僧或初修禪道者往往囿於嚴肅、僵硬的佛門規矩，而自我矮化，總以為師父和師兄等高高在上，只有他們老前輩才容易開悟，也肯定會比自己開悟，以致迷失了自我，矮化了自我！

同理，父母親、師長和老前輩偶爾也要聽聽後生晚輩的聲音，真理有時站在他們那一邊，身份、職位、輩份、年齡等不一定代表真理，何況百密也有一疏，事情對錯只有當事人明白，局外人豈可不分青紅皂白，就一口拒絕或馬上關閉管道，這是極不明智、不理性的態度。

美國心理學家吉諾特再三強調，父母親青少年孩子說話時的表情、語氣和內容非常重要，不但影響孩子對問題的理解，同時也影響人格成長與情感反應等。

對待青少年期的子女能以溫和、柔性、理智的談話方式，代替處罰、怒斥、嚴厲等最好不過了。例如孩子成績差，不妨說：「你有不懂的地方，姊姊、哥哥也許幫得上忙，你們一起研究也蠻有心得，怎不試試看呢？」一番溫馨和鼓舞的語氣，不但能減低孩子的沮喪心態，也能打開親子間良性的溝通管道。

以前沒有這種溝通習慣的父母親，不妨聽從專家的建議，先從留言板、書信、筆記本等，由紙上溝通開始，先讓孩子免去尷尬的壓力，放心接受建議，才有改善的可能，倒不一定要忽然由嚴厲轉為溫馨，從怒斥改成柔和細語，這樣反而讓兒女不放心、不適應。

總之，親子、師生間的民主和平行溝通不能等閒……。

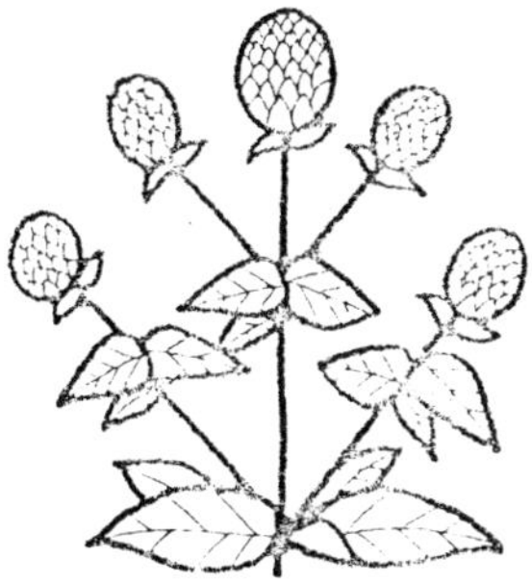

3．該打該罵 拿捏分寸

美國極端標榜個人自由，開口閉口強調人權和人身尊嚴，而這些也建立在個人自由的基礎上。孩子從幼稚園起，老師就耳提面命，若有誰打你，就要叫警察，因為警察能保護你，是人民的保姆；這一來，別說學校老師不敢體罰學生，連在家父母也不敢用竹鞭或拳腳來教訓兒女了。否則，就會吃上官司，後果難料，有下則例證：

黛格拉．施吉的女兒——洛貝今年四月的某個夜晚在外頭廝混，徹夜不歸，施吉氣不過，摑了她兩耳光。

施吉說，她為了管教女兒，能想的都想過了，摑這個逆女兩耳光，絲毫不傷天害理，不過卻被女兒告上法院。

由四女兩男組成的陪審團很同意施吉的說詞，討論了一個多時辰之後，就判她無罪。

在美國密西根地方法院，諸如施吉的「家庭犯行」，最高可判處一年徒刑，外加一千美元罰金。上月間，有一名婦女就因為摑女兒耳光而被定罪。

但在施吉的案子中，不但主張「不打不成器」的父母支持她，連自稱從未打過子女的父母對她都沒有指責。

施吉和女兒去年即開始失和，當時十八歲的中學生洛貝被逐出榮譽社團，並與一名大學男生交往。她不但夜晚不回家，還罵母親髒話。施吉想禁女兒足，寫信給女兒男友的雙親，卻如同石沈大海。

今年四月，女兒又徹夜不歸，甚至事後也拒絕透露上那兒去。施吉火大之下，就摑了女兒兩耳光，已念大學的女兒洛貝馬上報告校方，校方馬上報警。

檢察官馬斯在結辯時說：「被告打女兒，並不是要糾正女兒的犯行，而是因為自己行為失控。毆打女兒兇狠若此，法所不容。」

密西根等四十九州的法律，准許父母使用「合理的力量」管教子女。明尼蘇達州最高法院一九〇九年的一項判例稱：「子女需不需要管教，以及需要管教到何種程度，父母是唯一的仲裁者。」說服了陪審團。

只是八十八年來，美國社會劇烈變遷，如今連心理學家都大嘆父母離為。這次施吉勝訴，但對許多其他父母而言，「唯一仲裁者」的地位在現實情況下，已經不那麼絕對了。

顯然，不准體罰是美國一種很極端、很別緻的教育方式，可說很不尋常的美國文化，是好是壞，姑且不談，至少它跟東方的教化方式大異其趣，甚至反其道而行，說來也值得深思，值得探討。

那年，有一個十八歲的美國少年叫做麥可．黃依，在新加坡街上搞塗鴉破壞，而被判鞭笞臀部六下的刑罰，不消說，這個違背了美國人的觀點，而引起美國朝野的嚴重關切，更讓那個少年的父母吃不消，紛紛指責鞭笞是一種酷刑，既落後、又野蠻，不符合新時代的潮流。

誰知新加坡領袖李光耀反唇相譏，說道：「美國社會有太多重大的罪案紀錄，包括毒品氾濫、劫車偷竊、逆子弒親、街頭暴力……都是美國保護個人不檢行為的例證，反之，這些絕少出現於新加坡；如果你們喜歡那樣，那是你家的事，但不是我們所要選擇的道路……我們的觀點是，政府必須保護整個社會，而不是保護個人行為不檢。」

哇！區區一件鞭笞美國少年的小事，竟也牽引出東西文化與價值觀的差異，同時點出鞭笞刑罰不會完全無價值或不足取，否則，美國怎會有那麼多少年犯和層出不窮的罪案，以及各種社會問題呢？

再看日本某家新聞一則報導：「不打不成器，日本老師，重刑伺候學生。」若仔細讀完，內容會讓人嚇一大跳，像日本這樣先進和文明的社會，照樣沿用人類最原始的處罰方式，自然有其道理。恕我摘要一段內容於下：

「日本老師最常施的體罰是，使勁兒把學生的頭往書桌上磕，打裂學生的雙唇，用腳踢學生及下令學生學狗爬，直到雙腿痲木為止。還有老師效法「活埋」，把學生埋在沙裏只露出頭部，或強迫他們拿著通了電的電線。

日本老師所以會這麼肆無忌憚的打學生，除了跟『傳統』有關，民眾的容忍及贊同也有鼓勵的作用。例如，去年一位十六歲女生叫做陣內，被老師打成腦死，有七萬六千名民眾聯名向當局求情，支持那名打死學生的老師，他們說老師只想教訓學生，並無意致人於死，當局判他兩年徒刑太嚴苛了。肇禍老師在庭上申述時亦說，自己完全基於『教育動機』動手打裙長不合校規的陣內，沒想她沒站穩，頭朝前撞到了石柱……。」

這段描述真讓美國人目瞪口呆，也讓台灣人感覺匪夷所思，實在太過份，怎麼日本老師在學校制度、科技文明和教材內容等方面拚命學習美國，唯獨處罰學生這項仍然自以為是，保存日本的傳統呢？原來日本不成文的體罰制度要溯自戰前，當時日本政府想藉此訓練學生服從，效忠國家及天皇。不過，體罰小學並不普遍，倒是盛行在青少年開始挑戰權威的初高中。

還有日本的電視台與報紙也舉辦過有關體罰學生的辯論，從教育學者、家長和學生的訪談中得知，日本人對不打不成器的觀念仍根探蒂固。許多人認為體罰是維持教育秩序的必要工具，有些人則形容是「一項特色」。他們認為日本能邁向經濟強權，並維持井然有序的社會，公立學校的嚴厲管教功不可沒。

說真的，能不能體罰可說見仁見智，仍在爭辯階段。依我看，凡事太過偏執絕對不可以，像美國主張完全不准體罰，後果亦不如想像那般美好，誠如新加坡李光耀譏笑美國無能約制，或處罰個人行為，才使整個國家陷入混亂，社會治安居工業國家的尾巴。反之，像有些日本老師那樣粗魯、嚴厲的處罰學生，也未必得當，致人於死當然出自意外，但若使學生受到嚴重傷害，也不能完全推說是教育動機，若非過失所致，那肯定是老師的手段太殘暴、太欠缺教養了。

近年來，國人眼見治安未能改善，犯罪者不思警惕，有人希望採鞭刑處罰犯罪，致使法務部也在慎重考慮修法採用它的可能性。不管時空環境及人權觀念怎樣進步，只要能收到嚇阻犯罪，導向善行，讓人開悟的功效，我個人也舉雙手贊成對待青少年要倣效青少年那一套——即適度的鞭打，「不打不成器」的古訓縱使未必圓滿，現代父母和老師也應該可以接受吧!?

雖說「愛之深、責之切」，適可而止的鞭打在教育上可以採納，但我絕對不贊成病態的或不可理喻的處罰，不論教師或父母都一樣不允許，例如有一則報載讓人對那位受虐待者寄予無限同情，他是台灣某大學一位知名的歷史教授殷××，由於母親暴烈無常的個性，和陰晴不定的脾氣，使他的成長過程非常辛酸，他說：「母親責罰孩子，除了打罵、羞辱以外，還會使用『孤立立法』，禁止其他孩子接近犯錯的孩子，讓他再受一次懲罰和傷害。我們六個兄弟姊妹從小罰跪、挨打是家常便飯。被父親用皮帶抽，被母親打斷竹棍，罰跪在眷村口，任鄰人參觀……童年的可怕經驗，直到結婚、生子、升教授，仍然延續著。」

乍讀下，除了讓人同情、同情，還是十分同情，遇到這樣的父母親真是無奈，無休止的體罰有背常情，完全超越合理的教育範疇。幸好棍棒出孝子，他的母親在癌症末期時，問孩子恨嗎?怨嗎?那位孝子教授發抖搖頭地答說：「媽，我不恨你，也不怨你，我只是怕你。」因果昭彰，一點兒也沒錯。

有時，適度體罰也難拿捏分寸，到底何時該打或不該打？而且打到什麼程度才算適中而不過份呢？下面一則禪話可讓教師和父母親得到很大程度的啟發和反省，應該沒有異議。

且說古代的禪師大德們喜歡手持禪杖，作為領眾的威信象徵。禪師們的棒，不是用來時常打人的，只在研討問題的時候，有時輕輕表示一番，作為賞罰的象徵。後世的宗門，以及學禪的人，若是在老師那裏碰了釘子，受了批評都叫它做「吃棒」，「喝」是大聲一叱，表示實罰之意，和「棒」的作用是一樣的。以下錄自『星雲禪話』一段話：

有兄弟兩人一起到無德禪師處學禪，但在每次小參請示時，總會例行似的老是吃棒，不管他們兩人躲得多快，棒棒都會落實的打在身上，無德禪師舉棒之快與準，實在是百發百中。一天，師弟對師兄說道：

「我們來此參學多時，卻老是吃棒，仍不能開悟，真想離去，可是要找一位比1無德禪師有道行的禪師不易呀！」

師兄亦無可奈何，不過他建議說：

「這樣好了，以後我們小參問法時，我們就站在法堂外，不要進去，任憑禪師的棒再怎麼快，也不致於打得到我們？」

於是，第二天師兄弟二人，就在法堂外恭謹問道：

「請問如何是祖師西來意？」

無德禪師大喝一聲：「你兩個慢法者！」

師兄弟二人一聽到此喝，如雷灌耳，嚇得屈膝下跪，不約而同的說道：

「想不到禪師的『喝』、比『棒』來得迅速又有威力！」

假定自己的孩子或學生，如無大錯，也不妨用喝來替代棒打，可不能任意拳打腳踢或抽以竹鞭，顯示自己的威力，後果會適得其反，給他們留下永遠的怕！怕！那就違反愛的教育了。

總之，打罵會讓對方刻骨銘心，運用得當則收效甚佳，失之偏激則禍害無窮，但願老師和父母親切記，再切記！

4·錯在那裏 一起反省

在台灣，幾乎所有家長都很關心孩子的學校生活和考試成績。勿寧說，這對父母親是很大的壓力，同樣地，它也對學童自己造成莫大的困擾，反正雙方都不輕鬆，或者對學生的負荷更重，當然也因人而異，因家長觀念和態度不同而有些差別。總的來說，中小學生的求學生涯不好過，有時會出問題，甚至造成悲劇，如果數量多，就會成為社會問題，當局不能掉以輕心。

那年，千代文教基金會針對大台北地區做過一項青少年問卷調查，竟然得到很奇怪的結論，頗出家長和師長們的意外。

總共二千名受訪的國中生裏，有半數以上寧做外國人，所持理由多半是外國人不必那麼多考試，他們認為：「每天考試太多，要唸的書也多，我覺得非常衰弱和疲憊。」顯然，這意味功課壓力是他們心中的最大負荷。我不禁暗想：倘若學生智力中等或中下，偏逢家長老師又逼得緊，最後不就會造成悲劇嗎？也許不致於這樣悲觀，但對當事人絕對痛苦不堪，而這又何必呢？

不幸的是，有些家長為了不讓兒女受此壓力，千里迢迢送他們來國外當小留學生，但發現國外的學校功課太輕鬆，反而不以為然，在「望子成龍，望女成鳳」的傳統觀念催促下，又紛紛要孩子再上補習班。然而，在美國許多新移民小留學生（從十三歲到十七歲）都沒有一位自願放學後想參加課後輔導班，多半是被逼迫才來參加，這是加州洛杉磯一位華人教師的調查報告，可見中國父母親的教育觀念很僵化、很落伍，值得檢討和改正。

本來，我國的教育宗旨也跟歐美先進國家一樣，德、智、體、群四育要均衡發展，先進國家實踐成效可觀，台灣卻虛有其表，只會造就一批又一批考試機器，擅長背教材考學校，拿文憑混學位，這一系列求學過程彷彿古代的科舉制度，而今知識爆炸、資訊氾濫的時代，家長、師長和青少年三者都要有此認識，不宜滿懷倒退的想法，倘若執迷不悟，就是人生的悲劇。而始作俑者，無疑出在家長們的觀念、心態，和教師們的教法不對……。

其實，除非孩子在課業上有特殊的學習障礙，跟不上普通標準，否則，沒有必要去補習，而應該鼓勵他（她）自動自發去學習，養成閱讀的好習慣，成績自然會進步，過份強迫兒女讀書和考試，後遺症會出乎意外的多，甚至有適得其反的結果。

據我所知，美國明星大學不要書呆子，他們的招生方式幾乎跟台灣相反，例如哈佛、史丹佛、長春藤聯盟等明星大學，除了要看大學入學測驗及高中成績外，還要考核個人的特點及長處，如聰明才智、特殊技能、領導才華、社團服務的熱忱等，那是重要的參考條件。所以，想升大學的高中生不能只會埋在書堆中，也必須參加球隊和社團活動。

例如，我孩子六年的中學生活多彩多姿，不僅功課忙碌，也看他球隊、樂團都要參一腳，到了假日還去社區福利機構幫忙，每天忙得不見人影，穿著五彩繽紛的T恤、運動裝，充份享受美國式開放、自由、充滿創意與變化的青春，那像台灣的中學生那般辛苦在K書、整天K書！當然，這不是他們的意願和錯誤，而是社會大環境或家庭促成的。

佛教徒耳熟能詳佛陀有十大弟子，每人都有自己的特性、嗜好和專長，佛陀從未硬性和詳細規定要怎樣修行。只講修行證悟的大愛和自己的體驗，結果十人都依據自己的根性去精進，以致在不同領域成就自己的專長，最後都能證得阿羅漢的果位。

還有八萬四千法門，每一法門都能讓人修行成佛，如同條條大路通羅馬或天生我材必有用，只要自動自發去努力，都會有不同的成就。

再說十大弟子的根性如下：

㈠、舍利弗：智慧非凡，能解決各項疑難，號稱「智慧第一」，屢次駁倒外道的邪見。

㈡、目犍連：神足輕舉，便能飛遍十方，號稱「神通第一」。當那位名叫提婆達多的同修破害僧團時，他偕同舍利弗去說服他的五百徒眾復歸佛陀。

㈢、大迦葉：極能吃苦耐勞。故稱「頭陀第一」，佛陀曾將無上正法付託於他，致使佛陀滅後，他義不容辭召集「第一次結集」。

㈣、須菩提：擅長空定，精通空義，故稱「解空第一」。

㈤、富樓那：擅長說法，分別義理，故稱「說法第一」。

㈥、大迦旃延：最能分別深義，敷衍道教，故稱「論義第一」。

㈦、阿那律：修得天眼，能見十分世界，故稱「天眼第一」。

㈧、伏波離：奉持戒律，無絲毫觸犯，故稱「持律第一」。

㈨、羅睺羅：不壞禁戒，能誦讀不懈，故稱「密行第一」。

㈩、阿難：最能知時明物，通行無阻，記憶力極強，幾乎聞後不忘，故稱「多聞第一」。

可知每人的非凡成就，都靠個人的不同因緣，勉強不得，各盡所能、各顯長處，最後也都各得其美，彼此都不會遜色。下則禪話可以證明這項觀點：

藥山禪師在庭院裏打坐，身旁坐了兩位弟子，一位叫雲巖，一位叫道吾，他忽然指著院子裏一枯一榮的兩棵樹，先對道吾問道：「那兩棵樹是枯的好呢？還是榮的好呢？」

道吾回答道：「榮的好。」

藥山再向雲巖：「枯的好呢？榮的好呢？」

雲巖答道：「枯的好。」

這時正好一位姓高的侍者經過，藥山又以同樣問題問他：「枯的好呢？榮的好呢？」

侍者回答道：「枯者由他枯，榮者任他榮。」

哇！這是何等乾脆和睿智的回答。同理，每個青少年的根性才智千差萬別，不是每個人都能考得好成績，進入明星學校，總不能硬把一個有藝術天份的孩子送去讀理工，或迫使能言善道，頭腦靈活的經商人才去當醫生，各人的理念理想不同，以後的成就貢獻也有差別，只要觀念正確、心地善良，至於讀多少書，有多少學問，或做那一行業都不太重要，奉勸大家要在觀念上轉個彎，別跟著錯誤的價值觀繞圈子，趕緊跳出讀書——考試——升學的框架，選擇自己該走的路才好。

記憶裏，台灣十大傑出青年之一——漫畫家蔡志忠，升了國二那年，聽到一位新導師說：

「並不是每個人，都應該走讀書這條路，也不是每個人都能從讀書中，獲得最大的益處……如果你覺得讀書不是你唯一的一條路，那麼，你就不要等讀完了才來做決定，你現在就可以選擇。」

這句話是影響蔡志忠命運的重要關鍵，讓他在那個「唯有讀書高」的年代，讓他決心去尋找一條真正適合自己性向的天地。他回憶說：

「十五歲開始，我靠漫畫謀生時，就悄悄在心底立下一個志願：希望有一天，自己的作品能在日本連載或是出版日文的單行本。」

果然，他奮鬥多年以後，日本高中生翻開旺文社出版的一九九四年版的高中課本，赫然讀到他七頁闡述老莊思想的漫畫作品。

只要仔細一想，當年他若陷入「考試第一」的陷阱，整天埋在書堆裏，就沒有時間在漫畫方面下工夫，縱使以後能考上某所高中和大學，也未必能成就今天台灣家喻戶曉的國寶級漫畫家。

同樣地，我也曾聽說美國愛迪生若只知讀書考試，即使能進入耶魯、哈佛等名校，也未必能成就那位發明大王愛迪生。我要再三提醒家長和教師們，別忘了行行出狀元，考試不好或不能升學，也有適合他（她）發展的方向，人生可走的路很多，應該鼓勵他（她）大膽去挑戰，去開闢呀！

5・輔導與代替　後果不相同

我今年讀高二，是爸媽的一顆掌上明珠，因為我是個獨生女，上無兄姊，下無弟妹，家境也不錯，唯一讓我不滿意的是功課不太好，也許是頭腦太笨吧?!正因為這樣，媽媽為了讓我專心功課，從小不讓我做任何家事，凡是課業以外的事，即使學校規定的美勞、工藝等作業都由媽媽負責，目的無非想讓我有更多時間應付主科，如英文、數學和理化等課。

不料，這一來，反而讓我除了書本以外，其他必要的生活常識都不會，例如，扣子掉了不會縫，碗筷也洗不乾淨，更別說炒出什麼拿手好菜了，因為我今年參加暑期露營，簡直出盡洋相，直到現在還被同學們指指點點，這才使我發覺事態嚴重，自己不僅功課不如人，連女孩最起碼的手藝也不懂，可說一無是處，叫我好埋怨自己，也埋怨媽媽，不知應該怎麼辦才好?

沒錯，教育要有「愛心」，但別忘了怎樣善用愛心是一件藝術，想要拿捏恰當的分寸，讓愛心充份適時適地和適用，倒非常不容易。盲目去愛，例如嬌縱慣養、事事不讓他（她）動手。這是溺愛，不但大錯特錯，最後反而害了他（她），上述即是例證。

還有學校規定任何功課、時數、內容和作業，都代表不同價值和意義，也都經由專家們刻意安排的，例如體育、音樂、美術、勞作、工藝、家政等科，雖然都跟升學考試無關，但也不能抹煞它的存在意義，一旦忽視它，無異是自己的損失，表面上也許看不出來，事實上，等於讓自己成了「考試機器」——五穀不分、四肢不動的白面書生，將來對自己和社會都有說不盡的害處。

俗話說「溫室的花朵長不大」，意謂不經風吹雨打的磨練，便顯現不出旺盛的鬥志與生命力。那些被溺愛長大的孩子便是，即使他們以後得到顯赫的學歷文憑，卻也缺乏某方面的教養和洗禮，而不可能成就一個人格圓滿、有情有義之士，縱使不會作奸犯科，但也會喪失若干人類最可貴的特質——同情心、包容心、回饋心和感恩心。有些專家還指出這種人在適應環境，和人際關係的能力方面，會成為十足的「低能兒」。

環視周遭，那些在各個現實領域功成名就，一掏出名片，便是某家企業董事長、總經理名銜的人，反而不是當年那群樣樣考第一的「機器人」，而這種事實彰顯「雙手萬能」、「手腦無用」和「知行合一」多麼重要。那麼，對治這種錯誤教育，或溺愛的後遺症，家長們不妨好好回顧領悟四十四頁所述的趙州禪師與青年的禪話旨趣。

學佛修禪離不開生活現實，例如行住坐臥、穿衣吃飯都是禪修作業，古代禪師誰不懂搬柴運水，照顧起居？而這一點不就能彌補上述溺愛的缺失嗎？

記得我在中學時代，每週有兩堂勞動服務課，性質和內容十分別緻，地點也不在教室，而是到指定菜園去澆水種菜。因為那時學校在郊區，校舍周圍有旱田和山坡地，全屬學校用地。於是，校方就請學生開闢成菜園、果園，當作學生勞動服務的作業，讓學生們紛紛拿起扁擔、水桶、鋤頭、鎌刀和畚箕等工具到園裏，種植自己喜愛的花果蔬菜。從播種、除草、澆水到收成，全由幾人一組的成員決定，驀然回首，那些實地操作，不同於上課抄筆記的課程，反而成了我今天最留戀，也最生動的記憶了，真是當初始料未及。

我們從八十年代移民到美國洛杉磯，目睹許多台灣來的鄉親們，為了生活和教育子女，不是開餐廳便是開旅館，或其他靠四肢勞動的小生意，但都呈現一項共同的經營特色，就是全家總動員，不論大小成員都是極有幹勁的勞動人口。表面上，全家人投入生產行列是迫不得已，為了節省工資開銷，與其花錢僱用外人，不如將錢分享給全家大小，做者有份，肥水不落外人田，這一來，孩子們上課回家，自動站在自己的作業崗位。

例如開餐廳家庭，通常由媽媽掌廚，姊姊在廚房打雜，爸爸在外邊招呼客人，哥哥當收費員，弟妹扮演店小二，你忙你的事，我幹我的活，人人忙得不亦樂乎。其實，他們這樣不僅解決了全家生計，尤其難能可貴的是，讓孩子們充份體驗何謂「血汗錢」；何謂「現實生活」？教育價值，非比尋常。然而，這樣的教育方式在國內早已名存實亡，相反地，也許有人會不屑一顧地說：「何必這樣勞碌？」殊不知其中有不尋常的生活智慧哩！

再從教育方法來說，「輔導」絕對不同於「代工」，而父母只能站在「輔導」或「指點」立場，詳細解說，千萬不能「取而代之」去拿最高分數，這樣十足害了他（她），理由已如上述，學校的學習內容純粹為青少年們設計的，而非為成年人安排的，父母做時駕輕就熟，而孩子卻剛要起步，有道是「不經一智，不長一智」，難道要增進孩子的生活智慧，可以剝奪他（她）的學習機會嗎？聰明的父母想想也知道呀？

別看美勞、工藝和家事等課不列入升學考試裏，就可以丟在一邊，殊不知它們跟考試科目可以等價齊觀，甚至有過之無不及。例如，家事課女生表面上看不出什麼重要？但將來為人母，為人妻，有誰能一輩子指婢喚奴，不下廚房、不做菜呢？倘若學生時代一竅不通，等出社會做事又懶得學、不屑做，那麼，婚後的她不會有「學到用時方恨少」的懊悔嗎？說不定家事的低能兒，也未必是婚姻幸福的高材生!?同樣地，手工藝對男生的重要性也不能等閒，凡事要讓孩子自己動手，和動腦筋呀！

最後，請家長們耐心讀完兩則『星雲禪話』，肯定會有心得。

㈠、道謙禪師與好友宗圓結伴參訪行腳，途中宗圓因不堪跋山涉水的疲困，因此幾次三番的鬧著要回去。

道謙就安慰著說：「我們已發心出來參學，而且也走了這麼遠的路，現在半途放棄回去，實在可惜。這樣吧，從現在起，一路上如可以替你做的事，我一定為你代勞，但只有五件事我幫不上忙。」

宗圓問道：「那五件事呢？」

道謙非常自然的說道：「穿衣、吃飯、拉屎、撒尿、走路。」

道謙的話，宗圓終於言下大悟，從此再也不敢說辛苦了。

㈡、有一位信徒很想學習打坐，但總是不得其門而入，有一天，他鼓起勇氣到寺院去拜訪無相禪師，並很誠懇地說道：「老師，我很笨，自知不是參禪的料子，但高山仰止，雖不能至，心嚮往之，能否請您告知，禪像什麼？」

無相禪師回答道：「五祖山的法演禪師，曾講過一個故事──有一個小偷，他的兒子對他道：『爸爸！你年紀已漸漸大了，找個時間教我些偷盜的技術吧！免得以後我沒有辦法生活。』

做父親的不好推辭，便答應了。這一天晚上父親就將兒子帶到一富有人家，用萬能鑰匙，將衣櫥的鎖打開，並叫兒子進去，等兒子進去以後，父親便把櫥子鎖了，且大叫道：『有賊！有賊！』轉身便走了。

富人家聽說有賊，趕緊起來搜查，搜查結果，東西並沒有遺失，也沒有看到小偷，因此就仍然睡去。這時，鎖在衣櫥的小偷，不曉得父親什麼用意？為什麼要把他鎖在衣櫥內？到底要怎樣才能逃出去呢？於是靈機一動就學老鼠咬衣裳的聲音，一會兒，聽到房內的太太叫丫環拿燈來看，並說好像有老鼠咬衣服的聲音。

丫環剛一開衣櫥，這小偷便一躍而出，並將丫環推倒，燈吹滅，竟逃走了。

富人家發覺小偷後，派人追擊。追到河邊，這小偷急中生智，把一塊大石頭拋在水裏，自己繞道回去，當回去的時候，還聽到河邊有人說，真可憐，把小偷逼得跳河了。小偷到了家後，看見父親正在喝酒，便埋怨為什麼要將他鎖在衣櫥裏？他父親只問他怎麼出來的？兒子把經過說了一遍，父親非常高興道：『你以後不愁沒飯吃了！』

像這小偷能從無辦法中想出辦法，便是禪了！」

兩則禪話的啟示是，自己要從實際中領悟，別人不能老是帶著你走路，只能從旁指點迷津或點到為止，人生的道路很長，難道家長們能一輩子為孩子效勞嗎？生活環境或人際關係都錯縱複雜，若不實地體會，就悟不出應付的絕竅，別人不能代替，一切得靠自己呀！

6・身教言教　效果不同

說起來是「家醜不可外揚」，因為我從國中開始就結交男朋友，而且不只一個，別說假日向父母撒謊，說去同學家溫習功課，連平時在學校也忙寫情書送來送去，因此，我的課業始終不太好，只在及格邊緣而已。

後來給父母知道了，當然遭到他們嚴厲訓斥和管教，尤其父親管我最嚴格，不許我跟誰說話和來往，但是，我也對父親最為反感，因為他自己也公開在外面養個情婦，不理會母親的埋怨和哭鬧。

我心想，你自己可以有女朋友，為什麼我就不能結交男朋友呢？何況我花樣年華，才應該享受青春和愛情呀！儘管我不敢明講，也不敢頂他，但我心裏十分不服，他三番兩次教訓我，都難令我忍下這口氣……。

類似的青少年心聲肯定不只一樁，其實，這個問題很好解決，且關鍵只在父親身上而已，那就是「言教不如身教」、「無聲勝有聲」，一百個理論，也抵不上一個行動，倘若父親自己肯以身示法，那比什麼大道理還要有效。

這個問題也反映出父母的虛偽，言行不一致，那種相反與矛盾給兒女帶來的負面影響非同小可。不管以後再對兒女訓示什麼重要內容也都會產生骨牌效應，讓兒女不斷暗中懷疑：「到底是真是假呢？」意謂父母的人格在兒女心中大打折扣了，試想親子關係淪落至此，以後怎會沒有鴻溝呢？要說無也難吧！

例如，我親眼目睹許多華僑子女在美國社會的感受，簡直讓這群青少年非常迷惑，給他們在生活與思考上帶來莫大的困擾和負擔。

說來全是父母的罪過——就是有些父母不時教訓孩子要有道德、守規矩，不能幹壞事，把禮義廉恥等內容說得頭頭是道，可是，孩子卻常常看到父母胸襟狹小，對公益毫無熱心，從來不肯捐助貧寒；自己住著豪華的房子，開著名貴的汽車，反而以不正當方法去領貧寒救濟金，開口閉口說：「不拿白不拿。」處處貪小便宜，自私到極點……

老實說，孩子很天真，也明白是非，既能秉公執正，也會仗義直言，父母不做示範，恐怕說破了嘴也不會讓孩子心服口服；行動本身就會說話，有好的表現時，說多話反而多此一舉了。

下則公案，膾炙人口，可供參考：

百丈禪師上了年紀，每天仍隨眾上山擔柴、下田種地，實踐農禪生活即是自耕自食的目標。弟子們不忍心看這位七老八十的師父做這樣粗重工作，因此，大眾央求他不要隨眾去作業，但聽老禪師說道：

「我無德帶人，人生在世。若不親自勞動，豈不成廢人？」

弟子們阻止不了，只好將禪師所用的肩擔、鋤頭等工具藏起來，不讓他做工。

百丈禪師無奈，只好用不吃飯的絕食來抗議，弟子們焦急問他為何不飲不食？

百丈禪師答道：「既然沒有工作，那能吃飯呢？」

弟子們沒辦法，只好將工具又還給他，讓他隨眾生活。百丈禪師這種「一日不作，一日不食」的精神，成為叢林千古楷模。

試問年輕徒眾目睹師父以身作則，拿著扁擔、鋤頭上山下田，難道還敢待在寺院偷懶或安心打坐誦經嗎？

再說國中和高中生的課業都很繁重，結交異性朋友應該止於功課討論和一般社交，倘若超越這個分寸而去談情說愛，會浪費很多時間，這樣未免太早一些，身為家長當然應勸阻，但別忘了「有樣學樣」、「上樑不正下樑歪」的警告，果真如此，那麼，父母千言萬語的勸阻就沒有說服力，也發生不了作用。

最後，親子雙方都宜信受奉行佛陀一句話：

「不應觀察他人的過失，他人已做和未做的事情；但應觀察自己的過失，已做和未做的事情。」

果真如此，雙方都能和睦相處，父慈子孝。

7．關愛教育 務必常用

報載日本少女從娼的比率已到令人驚心的地步。十五到十八歲女學生經常放學後去酒吧兼差，每週五天上夜班可得五千多美金的報酬，這個數目十分可觀，但是，她們多數把賺來的錢花在昂貴的名牌皮包和高貴服裝上。

依據「日本青少年性教育協會」表示，金錢倒不是少女從娼的唯一誘因，因為日本物質富裕的孩子們並不缺錢，但許多家長不和孩子溝通，孩子往往得不到關愛和支持，才使許多少女從娼是「渴望找一處人際交往更溫暖的地方」……。

果真如此，我想，類似情況在國內也不罕見，因為台灣也有非常富裕的生活，年輕少女亦不缺錢用，可惜許多家長只知關心股票、忙著賺外快，想在「笑貧不笑娼」的社會昂首闊步，也就忘了去跟半懂半不懂事的兒女溝通。

此外，現代父母過份把注意力放在兒女的學業上，只問考試成績，和升學方面，而不知正在青春期的孩子的想法，跟四、五歲時候不同，溝通會格外辛苦，更不主動探索兒女的意見，或傾聽他（她）的反應。總之，親子溝通的品質不良，甚至有些倒退和阻礙了。

上述不乏日本女學生因為缺乏父母或學校的「關懷教育」和「人情溫暖」才去從娼，凸顯學校不僅是傳授知識，只重考試而已，同理，家庭不只供養兒女食、衣、住、行，只管他（她）的身體長大就夠了，有情眾生都不例外，最殊勝和不可忽視的是「情感」因素，而它包括情操教育、關愛方式或愛心培養等，倘若缺少這些，那麼，即使人體長得高頭大馬、四肢健壯或相貌堂堂，而且滿腦子都有豐富的知識……，結果也只是一群冷酷心腸和殘暴成性的大人，這種人物對社會有益嗎？說真的，與其成就這些人，不如不要也罷。

例如，白曉燕案的兇手——陳、高、林等三人，手段殘忍得令人髮指，不但先將白氏的手指截掉，之後又用鈍器重擊再勒死，據兇手的鄰居指稱，陳、林自幼即是狠角色，每次跟鄰居小孩打架，出手極為兇悍，一般小孩打架頂多是推推拉拉，或是動動拳頭，但陳、林兩人都會掐住對方的脖子不放，有好幾次鄰居玩伴險些被他們掐得窒息而死。因此附近小鄰居即使個頭比他大，也不敢和他動手，他們很快成了街坊的「囝仔頭」。

長大後，熟識他們的人都知道對方是冷血個性，故被黑道僱為殺手……，所謂殺手者，正是自幼缺少關懷或情操教育不足所培養出來的，少女會從娼，少男會殺人不眨眼，反正對社會的傷害都無法用言語來形容。

請讀下段報載——隨著子女成長，親子相處的時間會逐漸縮短，溝通機會減少……十三至十五歲的國中生，和父母每天相處四小時，平均溝通一小時，溝通內容均以功課、學校的人與事、用錢為主。此時，父母是主動者，可惜都忽視孩子的意思表達，且子女反應都不積極。十六至十八歲的高中生，和父母相處三小時，平均溝通半小時，溝通內容以功課、交友、用錢為主。此時，雙方誰也不想主動，只流於膚淺的溝通，父母親想聽或了解子女也沒有什麼機會。」

這樣看來，在家庭裏親子疏離的程度愈來愈嚴重，遑論教師面對大群學生，也更談不上親切的個別指引和關懷備至。

靈訓禪師在廬山歸宗寺參學時，有一天心血來潮，想要下山，於是就向歸宗禪師辭行。

歸宗禪師問道：「你要去那裏呢？」

靈訓禪師據實相告：「我想回嶺中去。」

歸宗禪師滿臉慈祥地說：「你來此參學十三年，今天要走，我應該為你說些佛法心要，等你行李整理好，再來找我一下。」

靈訓禪師將整理好的行李先放在法堂門外，就穿了海青，披了袈裟，依佛門的禮儀去拜見歸宗禪師，向他正式辭行。

歸宗禪師非常親切地說道：「天氣嚴寒，途中擅自珍重。」靈訓禪師聽了這句話，當下頓然徹悟。

歸宗禪師簡短幾個字：「天氣嚴寒，途中擅自珍重。」表現無限的愛心、禪心。有時家長，師長對兒女、學生也不必長篇大道理，選擇適當時機輕描淡寫一句話，一個動作，也能讓他們刻骨銘心，感動不已。

國家圖書館出版品預行編目資料

青少年禪話／劉欣如著

－初版－臺北市，大展，民 91

面；21 公分－（心靈雅集；67）

ISBN 957-468-127-0（平裝）

1. 修身　　2. 青少年

192.13　　　　　　　　　　　　91001853

青少年禪話

ISBN 957-468-127-0

著 作 者／劉　欣　如

發 行 人／蔡　森　明

出 版 者／大展出版社有限公司

社　　址／台北市北投區（石牌）致遠一路 2 段 12 巷 1 號

電　　話／(02) 28236031・28236033・28233123

傳　　真／(02) 28272069

郵政劃撥／01669551

E-mail／dah-jaan@ms9.tisnet.net.tw

登 記 證／局版臺業字第 2171 號

承 印 者／高星印刷品行

裝　　訂／日新裝訂所

排 版 者／千兵企業有限公司

初版 1 刷／2002 年（民 91 年） 3 月

定　價／200 元

大展好書 好書大展